U0106884

非凡出版

圖說應用倫理學

梁光耀 著

目錄

前言 2

01 倫理思考 4
02 行為規範 9
03 主客相對 14
04 理論比拼 19
05 意志自由 24
06 道德情感 29
07 德育問題 34
08 黃金定律 40
09 神律道德 44
10 人不為己 49
11 增進效益 54
12 無上命令 59
13 自由萬歲 64
14 權利至上 69
15 社群反擊 74
16 平等迷思 79
17 道德契約 84
18 德性回歸 88
19 內聖外王 93
20 天人合一 98
21 存在之謎 103
22 實用主義 108
23 超人道德 112
24 誰的正義 117
25 關懷倫理 123
26 溝通倫理 129

27 順應自然 134
28 幸福人生 139
29 科技萬能 144
30 傳媒春秋 149
31 求財有道 154
32 人工生殖 159
33 複製人類 164
34 基因改造 168
35 生兒育女 173
36 人工流產 178
37 殺人填命 183
38 自我毀滅 188
39 死得安樂 193
40 器官移植 198
41 愛情王國 203
42 色情男女 208
43 同志風暴 214
44 動物解放 219
45 環保論戰 224
46 消滅貧窮 229
47 戰爭倫理 234
48 未來戰士 239
49 何者為善 244
後語 249

前言

相信在哲學的眾多部門之中，最接近我們日常生活的就是「倫理學」，這是一門研究道德的學科，常人難免要作出道德的判斷，或思考有關道德的問題。前作《圖說實用邏輯學》討論邏輯的應用問題，本書則以道德為主題，之後還有一本是關於美學的，正好對應真、善、美三大價值，可稱為哲學三部曲。

本書名為《圖說應用倫理學》，其實「應用倫理學」是一個專有的名詞，英文是 Applied Ethics，意思是將道德理論用於解決日常的道德爭論，如墮胎、死刑、安樂死、戰爭等；但在這裏，我們是取其「應用」的廣義，嘗試用精簡易懂的語言，讓讀者明白跟道德有關的概念和議題，並應用到日常生活上。

本書主要分為三部分，第一部分（第 1 至 9 篇）探討較為一般的道德議題，如道德思考、道德情感、道德教育等；第二部分（第 10 至 28 篇）討論不同的道德理論，如利己主義、效益主義、自由主義、儒家思想等；第三部分（第 29 至 48 篇）是正宗的應用倫理學，討論具體的道德問題，包括現代科技帶來的道德困擾，如人工生殖、基因改造、複製人類等。最後一篇（第 49 篇）可以說是全書的總結。

梁光耀

2023 年 9 月 1 日書於越後湯沢

倫理思考

倫理思考跟一般思考沒有太大的分別，都要遵守「思方學」的法則，重點有兩個，一個是思考清晰，另一個是推論正確。思考清晰包括掌握道德概念的意思，道德概念可以分為兩種，一種是形式概念，例如對、錯、應該、幸福等；另一種有實質內容，例如自由、平等、公正等，它們本質上是有爭議的，除了有不同的意思之外，大家還會爭論哪個才是真正的自由、真正的平等或真正的公正。進行倫理思考時，我們需要盡量釐清這些概念的意思；當然，有時並不容易，特別是那些因歧義和含混造成的思考混亂。

道德判斷跟事實判斷不同，「太陽由東邊升起」是事實判斷，基本上憑經驗觀察就可判定真假；而「墮胎是錯的」則是道德判斷，道德判斷屬於價值判斷，沒有任何經驗證據可判定真假，必須提出理由支持。例如「謀殺是錯的，墮胎是謀殺（胎兒）；因此，墮胎是錯的」，這就是道德論證。「謀殺是錯的，墮胎是謀殺」屬於前提，用來支持「墮胎是錯的」這個結論。一般來說，道德論證的結論都是道德判斷，並且至少有一個前提也是道德判斷，以上面的論證為例，「謀殺是錯的」就是道德判斷。要辨認道德判斷並不困難，某些字詞如「應該」、「錯誤」、「對」等等可以顯示出句子是道德判斷，可稱為「道德指示字詞」。不過，有時即使出現這些字詞，也不表示一定是道德判斷。例如「要節省時間，應該乘坐地鐵」、「四加四等於十明顯是錯誤的」這兩句話中，「應該」和「錯誤」都沒有道德涵義，相信也沒有人會將它們當成是道德判斷。

基本上，由事實判斷得不出價值判斷，反之亦然。但也有例外的情況，例如由「我做了一個承諾」（這是事實判斷），可以推論出「我應該遵守這個承諾」（這是價值判斷）。事實判斷和價值判斷的區分對思考十分重要，混淆事實和價值會引致思考混亂。例如「男性罪犯的人數遠高於女性罪犯」是事實判斷，但由此得不出「法律是對男性不公平」這個價值判斷。有時在道德爭論中，大家並不是在道德價值或原則上有衝突，而是對事實有不同的判斷。例如「應該投入大量資源解決全球暖化的問題」，也有科學家反對這種主張，他們認為全球暖化的後果是被人誇大了，其實爭論雙方都同意要保護環境，只是對全球暖化產生的後果有不同的事實判斷。

評價道德論證跟一般評價論證也沒有分別，主要有兩個步驟。第一步是判定論證的強度，即前提對結論的支持程度，就以前面「反對墮胎」的論證為例，如果前提「謀殺是錯的」和「墮胎是謀殺」是真的話，結論「墮胎是錯的」也一定為真，這是對確論證，前提對結論的支持是 100%。

第二步是判定前提的真假，如果前提是事實判斷，訴諸經驗證據；若前提是道德判斷，則訴諸理據。要注意的是，這兩步是有先後次序的，好處是若我們發現前提對結論毫無支持或根本是謬誤（大部分謬誤都源自錯誤的推論），就毋須進行第二步，省卻不少工夫。此外，這兩步是相互獨立的，即論證的強度跟前提的真假沒有必然關係，一個強的論證可以有假的前提，一個弱的論證也可以有真的前提。

評價道德論證的步驟

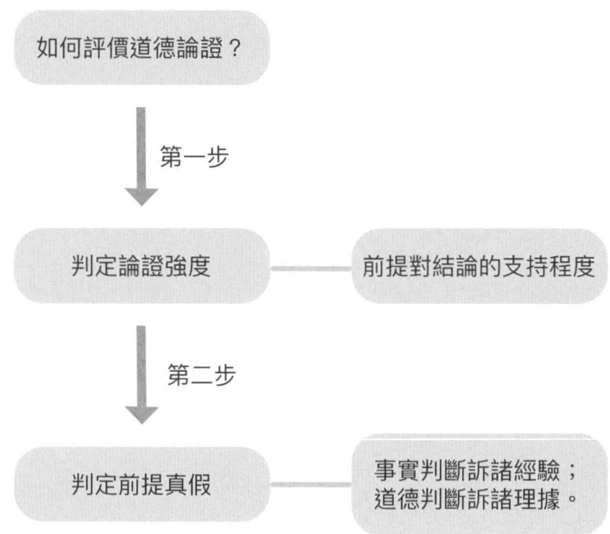

提到謬誤，本篇開首漫畫的對話正好犯了「非黑即白的謬誤」，[1]「不是不道德」的意思是「不違反道德」，並不是「（合乎）道德」，因為「不道德」和「道德」之間還有其他可能性。在道德推論中，有好幾種常見的謬誤，比如「訴諸自然的謬誤」，不少人喜歡以違反自然為理據，反對同性戀、安樂死、自殺和複製人等，但為甚麼「非自然」就一定是不道德呢？某個意義下講，藥物也是不自然的；反過來說，自然的事物就一定好嗎？試想想颱風和地震。

另一個常見的謬誤是「滑落斜坡的謬誤」，一旦接受了論證的前提，就會像滑坡一樣，到達一個不能接受的結論，例如「同性婚姻一旦

1 可參考本書的前作《圖說實用邏輯學》（非凡出版）。當中有詳細討論「非黑即白」以及本書所提及的其他邏輯謬誤。

合法，下一步就是人獸婚姻合法，最後就連人和死物的婚姻也會合法，簡直荒謬；因此同性婚姻不應該合法。」這個論證的問題是假定了此連鎖反應會發生，但事實上它根本不會發生。還有「訴諸權威的謬誤」，引用權威來支持自己的論點不一定有問題，問題是引用的是不相干或假的權威。在道德領域中，基本上沒有權威可言，我們要求的是理據，例如某知名大律師反對安樂死，我們要審視的是其理據，並不是訴諸他的權威身份。最後一個是「起源謬誤」，由一件事物的起源來推論出它的對錯好壞，例如德國哲學家尼采（Nietzsche）對基督教憐憫的批評，但其實即使憐憫起源於憎恨和報復，也無損憐憫的價值；正如某人的父親是罪犯，不表示該人一定是罪犯或有道德上的問題。

道德推論的常見謬誤

謬誤	釋義	性質
非黑即白的謬誤	由不是一個極端而推論出另一個極端，忽略了兩個極端之間還有其他可能的情況。	不充分謬誤
訴諸自然的謬誤	假定了不自然一定是壞的或不道德，但這個假定是不恰當的。	不當預設謬誤
滑落斜坡的謬誤	假定了連鎖反應會發生，但這個假定是不恰當的。	
訴諸權威的謬誤	訴諸假權威或不相干的權威。	不相干謬誤
起源謬誤	以起源來判定事物的好壞。	

02

行為規範

仁義比刑法可取，因為刑法只能防止人犯罪，但只有仁義才能提升人格。

孔子
韓非子

少廢話！仁義會亡國，只有刑法才能令國家長治久安。
孔子
韓非子

對一般人來說，最容易理解「道德是甚麼」的方法，就是從規範的角度着手，即我們在社會上要遵守的行為規範。例如「不可傷害人」、「不可說謊」、「守承諾」等等，違反這些規範就是不道德，會受到譴責。不過，除了道德之外，宗教、習俗、法律等也會規範我們的行為，而且跟道德規範有重疊之處，究竟道德跟宗教、習俗和法律有甚麼不同呢？認識它們的分別，或許可以幫助我們理解道德的特性。

首先比較道德和宗教，宗教也告訴我們甚麼是對或錯的行為，而且宗教的規範有不少都是道德規範。例如佛教五戒的前四條「不殺生；不偷盜；不淫邪；不妄語」，都是我們認同的道德規範。又例如基督教十誡的後六條「當孝敬父母；不可殺人；不可姦淫；不可偷盜；不可作假見證；不可貪心」，同樣是道德的規範。但宗教的特性不是理性，而是信仰，強調的是服從，不要質疑；道德則需要理性的反省，可以懷疑和批判。當然，宗教也可以講理性，例如基督教有神學，佛教也有佛學；但大部分信徒之所以遵守宗教的規範，依據的還是信仰，並不是理性。宗教通常對具體的道德議題採取保守的立場，例如反對墮胎、安樂死和同性戀等。不過，倫理學家雷秋爾（James Rachels）指出，《聖經》通常只主張通則如愛護鄰居、待人如己等，很少會對特定的議題提出指引，就以墮胎為例，與其說《聖經》反對墮胎，倒不如說有人先有了看法，再以特定的方式來解釋。然而，也有例外的，譬如《聖經》就明確表示反對同性戀，見本書〈同志風暴〉（p.214）那一篇。

習俗跟宗教也有些相似，就是不可批評，很大程度都是訴諸權威或傳統，跟道德講求理性的反省不同。另外，很多習俗都跟道德沒有關係，例如中秋節要吃月餅、重陽節要登高、農曆新年要去拜年等等。有人認為，道德是從習俗中演變出來，即使如此，但道德跟習俗的性質已不同，若僅以事物的起源來評論它，就犯了起源謬誤，可參考上一篇〈倫理思考〉。

最後是道德和法律，不少不道德的行為都是法律上禁止的，有關它們的關係，主要有兩種觀點，一種是自然法，另一種是實證主義。根據實證主義，法律和道德並沒有必然關係，在制定法律時，主要依據當時的社會需求而定，並不是甚麼正義或善的原則；解釋法律條文時，也只是按其字面意義，不用考慮是否公平。至於自然法，主張法律的基礎在於道德，在制定法律時，必須同時考慮道德上是否得以證立；解釋法律條文時，也可訴諸立法時的道德原意。我贊同自然法的觀點，如果法律條文足以判斷一切，我們豈不是只需要有專業的法律人士就夠了，根本毋須陪審團制度（當然，只有嚴重的罪行才設立陪審團），訴諸一般人的常識和道德判斷？

我認為，道德和法律的恰當關係是法律建基於道德。第一，法律不違反道德，如果發現有法律違反道德，我們就要修改或廢除。例如南非上世紀四十至九十年代初實施的種族隔離政策是歧視黑人，違反平等原則，應該廢除。第二，某些嚴重的不道德行為需要用法律禁止，主要涉及傷害人身安全或財物的損失，例如謀殺、傷人、強姦、詐騙、偷竊、綁票等等；要注意的是，法律沒有禁止的行為不一定合乎道德，有些法律禁止的行為也跟道德無關。例如香港的法律規定外出要攜帶身份證，但並不表示沒有這樣做就是不道德。問題是，為甚麼有些不道德的行為在法律上會禁止，但另一些不道德的行為又不會禁止呢？例如說謊和通姦，先講說謊，我認為主要有兩個原因，第一，比起法律所禁止的不道德行為，說謊比較輕微；第二，就是要動用法律來懲罰說謊的人根本不可能，因為「案件」實在太多，難以執法，恐怕這才是主因。至於通姦，情況有點不同，過往通姦也是違法的，但現在法律已經修改，原因是社會的轉變，變得自由和開明。

道德、宗教、習俗和法律都是用來約制我們的行為，但機制不同。約制的方法可以分為兩類，一類是外在的制約，另一類是內在的制約；大抵上，宗教、習俗和法律依靠外在的制約，而道德主要是內在的制約。法律是用懲罰的方法阻止人犯罪，宗教也是，但通常要到死後才有審判，習俗則是依賴講閒話。至於道德，主要是依靠個人良知，這是內在的制約；但有時也要依靠社會輿論令人就範，這是外在的制約。在傳統的同質社會，宗教和習俗的制約力很強；但到了現代的都市社會，居民來自五湖四海，有着不同的文化背景，宗教和習俗的制約力自然減弱，而道德和法律就變得重要。

一般來說，在阻止惡行方面，法律比道德有效；但外在制約需要監察，成本其實很高，最節省的當然是自己制約自己，亦即是內在制約。此外，道德比法律有更積極的意義，法律的作用是阻止惡，而道德則是提升善。正如孔子所講：「道之以政，齊之以刑，民免而無恥；道之以德，齊之以禮，有恥且格。」用刑罰可以阻止人犯罪，但不能令人有羞愧之心，只有道德教化才可培養品德。試想像一個有道德，沒有法律的地方，人民仍然可以安樂地生活；但一個沒有道德，只有法律的地方，會是一個怎樣的世界呢？

四種約束行為的力量

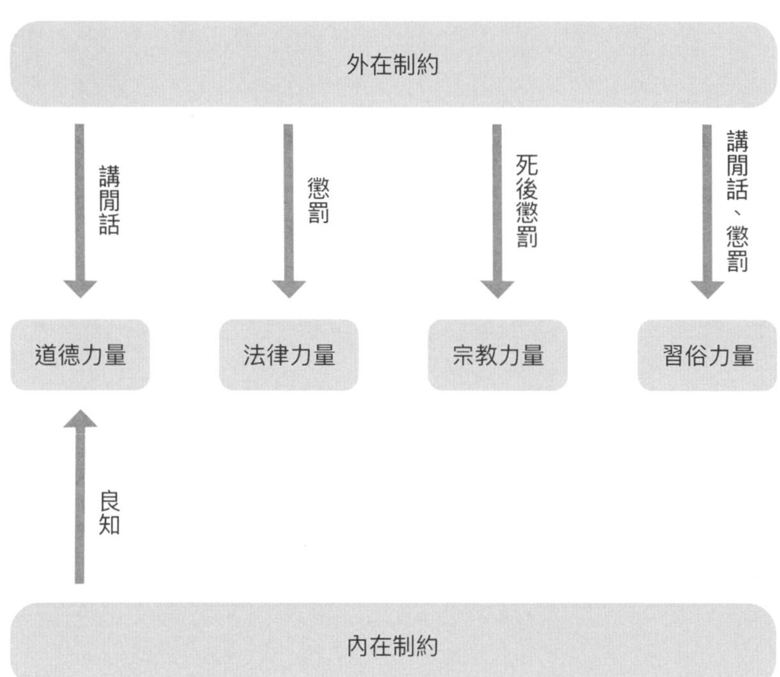

主客相對

價值判斷是相對的，所以不應將自己的價值觀強加於人！

相對主義者

思方學學者

可是，「不應將自己的價值觀強加於人」這句話本身也是價值判斷，這不就是自我推翻嗎？

相對主義者

思方學學者

道德是人類文化的一個很重要部分，幾乎沒有一個社會沒有道德的觀念。道德可以泛指我們的道德概念、原則或行為。整體上，究竟道德是主觀、客觀、還是相對呢？那要視乎所謂主觀、客觀和相對是甚麼意思。當然，我們沒有可能在這裏作詳細分析，只能選擇地討論一些要點。

常見的相對主義叫做「文化相對主義」，主張不同文化有着不同的道德規範或價值，例如在古希臘社會，奴隸制度是對的，但現代社會卻認為是錯誤。人類學家潘乃德（R. Benedict）在《文化模式》一書就持這種論調，一個社會認為是「正常」的行為，在另一個社會就可能被視為「不道德」。不過，在不同文化或社會都可以找到相同的道德價值或規範，例如殺人和偷竊是錯誤的，誠實和守信是對的。社會之所以能夠存在，是成員必須遵守某些規則；所以，一定存在具普遍性的道德規範。這正是社會學家涂爾幹（Émile Durkheim）說「任何社會都是道德社群」的意思，即使是食人族，也不會殺死自己的同胞來食，否則食人族一早就滅亡了。另外，有時不同的道德規範只是表面上的差異，背後其實有着相同的道德價值。例如傳統漢族認為土葬才合乎道德，背後的根據是入土為安，那是愛的表現；西藏人則認為天葬才是對的，因為他們相信這樣可以令死者的靈魂升天，也同樣是愛的表現。這些差異只是由於信仰、生活環境和歷史等因素所造成。

如果道德相對主義成立，道德判斷只是相對於某個文化或社會才有真假可言，那麼我們就不可以批評其他文化或社會的道德觀。比如說德國納粹黨認為屠殺猶太人是對的，而我們竟然不可批評那是錯誤嗎？不過，我們也可以有一個較弱版本的相對主義，就是文化的核心價值無法比較，譬如古代社會和現代社會都有「公正」的概念，但意義卻很不同，古代社會的公正接近社會和諧的意思，但現代社會的公正則關連到自由、平等和人權的價值；但其實兩者也有共同之處，至少刑罰的公正有普遍性，就是應懲罰犯罪的人，不應懲罰沒有犯罪的人。

道德主觀主義可謂「極端的相對主義」，因為道德是因人而異，早於古希臘哲學家柏拉圖的《理想國》中，就記載了泰雷斯馬休士（Thrasymachus）抱持這種觀點。道德主觀主義可分為兩種，第一種認為道德只是個人的喜好，只要大家都是真誠地報告自己的判斷，每個人的道德判斷都是真的。如果每個人的道德判斷都是真的話，就不可能存在道德的爭論；但事實上，道德爭論是存在的，也並非沒有意義，由此可見這種觀點並不成立。第二種認為道德語句不是判斷，它只是用來抒發情感，根本沒有真假可言。例如「殺人是錯的」這句話只抒發出對殺人這種行為的厭惡；又例如「誠實是對的」也只是抒發出對誠實這種行為的喜愛，這種道德主觀主義又稱為情緒主義。道德語句除了抒發情感之外，另一個功能就是影響別人的行為，說「殺人是錯的」就是要勸阻別人做出殺人的行為；說「誠實是對的」則是鼓勵他人做出說真話的行為。不錯，道德語句具有抒發情感和影響他人的功能，但不能由此證明道德語句沒有認知意義。

如果道德真是主觀的，人人都有自己的標準，其混亂可以想像，社會秩序也難以確立。正如前面所講，沒有最低限度的道德規範，社會根本不可能存在；現代社會卻流行另一種價值主觀主義，認為道德只是一些維持社會秩序的規則，可以是客觀的；但價值則是主觀的，如人生意義和人生目的，即是將道德排斥在價值之外。另外，還有比道德主觀主義更惡劣的，那就是道德虛無主義，完全否定道德的價值。

那麼，道德是客觀的嗎？假如客觀是指存在普遍道德原則或價值的話，例如仁愛、正義和人權等，那道德當然是客觀；但若是指存在終極或絕對的道德原則，那道德就不一定是客觀的。後者是一種極端的客觀主義，例如效益主義（Utilitarianism）和康德倫理學（Kantian ethics），也可稱為道德絕對主義。絕對主義的危險是容易墮入道德霸權，從這個角度看，相對主義至少有一個好處，就是比較寬容。道德相對主義的另一個好處就是讓我們注意背後的權力運作，道德有時只為當權者的利益服務。

我認為，道德價值或原則是多元的，不妨稱之為道德多元主義。從社會秩序來講，如果沒有「不可殺人」、「不可偷竊」、「守承諾」等道德規範，社會根本不可能存在，由此可見，這些道德規範有普遍性，但不是絕對。如果從理想社會方面講，公正是決不可少的，人權也是一樣，試想那些人權被踐踏的社會，也不配叫做理想的社會，因為人的尊嚴得不到保障。從個人的層面講，當我們稱讚人的時候，會用公正、仁慈、勇敢、慷慨等等字眼，這些好的品質就是「德性」，也有其普遍性。雖然道德有普遍性，但不表示不存在道德的爭論，又或者道德的爭論必然能夠得到妥善解決，因為價值之間也可以有衝突。例如在傳統中國社會，有所謂忠孝兩難全；在現代民主社會，自由與平等亦有潛在的衝突，自由多一些，平等就會少一些，反之亦然。

另外，規範是有限制性的，原則上人必須遵守；但德性就不同，由於每個人的背景、性情、能力和興趣都不同，所追求的人生目標亦不一樣，究竟哪種德性才適合自己，個人就有很大的選擇空間。要成為一個成功的運動員，跟成為一個傑出的藝術家，需要的可能是不同品德的組合。

主觀、客觀和相對的道德

文化相對主義	道德是文化的產物，而不同文化的核心價值不能作比較。
情緒主義	道德是情緒的表達，只反映個人的喜好。
多元主義	道德價值既是客觀，也是多元。
虛無主義	道德是虛構的，根本沒有意義。

04 理論比拼

為甚麼要學習道德理論？
學生

因為可以幫助我們作出道德判斷。
老師

但有這麼多道德理論，哪一個才是正確呢？
學生

這個嘛⋯⋯
老師

要作出合理的道德判斷，是否先要判定哪一個道理理論成立？又，甚麼是道德理論呢？簡單來說，道德理論就是說明道德是甚麼的理論，包括告知我們甚麼是對和錯的行為，更重要的是說明為甚麼是對或錯。不過，道德理論有很多種，也很難說哪一個是完全正確的。如果科學理論之間有衝突，我們可以通過實驗判定哪一個較好。例如日全食（Solar eclipse）這個實驗就證明了愛因斯坦的廣義相對論比牛頓的萬有引力理論優勝。但道德理論之間的衝突就不可以用這個方法解決，因為道德是價值，不同於只講事實的科學；即使我們可以有道德實驗，但可能承受不起實驗失敗的代價。或者可以這樣說，不同的道德理論是從不同的角度理解道德，如後果、動機、權利及品德等等。

在倫理學中，「善惡」和「對錯」是兩對很重要的概念，而不同的道德理論之所以有分別，很大程度是決定於它們怎樣了解這兩對概念，以及怎樣安排這兩對概念在理論中的位置。

後果論（或目的論）就是先界定甚麼是善和惡，而帶來善的行為就是對，帶來惡的行為就是錯；理論上善惡先於對錯，例如效益主義將善定義為快樂，所以帶來快樂的行為就是對，帶來痛苦的行為就是錯。相反，義務論判定對錯的標準不是行為的目的或結果，換言之，對錯是先於善惡，例如康德倫理學認為，一個對的行為就是出於責任的動機。

道德理論主要分為四類：第一類是後果論，根據行為的後果來判定對錯，道德就是為了帶來好的後果，例如效益主義；第二類是義務論，認為對錯在於行為本身，跟後果無關，道德才是目的，這是為道德而道德，例如康德倫理學；第三類是權利論，主張人有人權，違反權利的行為就是不道德，例如自由主義（Liberalism）；第四類是德性論，認為道德就是培養良好的品德，成為一個好人，例如亞里士多德倫理學（Aristotelian ethics）。在本書〈增進效益〉（P.54）那一篇會討論效益主義，〈無上命令〉（P.59）會討論康德倫理學，〈自由萬歲〉（P.64）討論的是自由主義，〈內聖外王〉（P.93）則討論儒家思想。

四種道德理論

道德理論	類別	主張
效益主義	後果論	道德能帶來最大多數人的最大快樂，令世界變得更好。
康德倫理學	義務論	義務來自我們的理性，人是道德的立法者。
自由主義	權利論	最重要的權利就是生命、自由和財產，也就是我們講的基本權利。
儒家思想	德性論	人生目的就是培養品德，做一個有德之人。

從歷史的角度看，道德理論可以分為古代倫理學和現代倫理學。古代倫理學的主流是德性論，除了亞里士多德之外，中國的儒家思想也屬於德性論。至於現代倫理學的主流是規條論，建立所謂終極的道德原則，用以判定行為的對錯，例如效益主義講的「效益原則」、康德倫理學的「定言律令」、自由主義的「不傷害原則」等。德性

論關心的問題是「我要成為怎樣的人？」而規條論關心的問題則是「我要做甚麼？」

我們也可以簡單地將道德理論分為個人主義和非個人主義兩大類。個人主義是從個人利益出發，認為人生的目的和意義，以及行為的對錯都取決於個人的利益。在日常生活中，我們會發覺道德和利益往往產生衝突，舉個例，幫助他人就少不免要犧牲自己的時間或金錢。但有些個人主義理論其實是想說明道德對我們有利，要注意的是，自利不一定是自私的，在〈人不為己〉（P.49）這一篇會詳細討論。

至於非個人主義，就是道德並非取決於個人利益，正如漢代思想家董仲舒所說：「正其誼不謀其利，明其道不計其功。」人甚至於可以為道德而犧牲自己的生命，孔子說「殺身成仁」，孟子也說「捨生取義」，儒家思想正是非個人主義的表表者。但從個人主義的角度，是無法理解「為了道德而犧牲生命」的。如果道德是為了個人利益，原動力沒有問題；若道德是為了他人利益或公正，原動力又在哪裏呢？儒家會說「惻隱之心」，但惻隱心需要培養才能壯大，也就是所謂「修身」。

我認為儒家能突顯道德的自強意義，由自利到自強，也可以說是道德的提升。配合上一節講的道德理論分類，我們就可以得出不同的組合。例如儒家就是非個人主義的德性論，古希臘哲學家伊壁鳩魯（Epicurus）的快樂主義是個人主義的後果論，效益主義是非個人主義的後果論，康德倫理學是非個人主義的義務論，至於哲學家尼采的道德主張則可歸類為個人主義的德性論。

有些書會對道德理論作出更仔細的分類，以上所講都可歸類為「規範倫理學」，即是具體提出應該做甚麼及不應該做甚麼的主張，這是道德理論的主體，因為道德的最基本問題就是「我應該做甚麼？」及「為甚麼我要道德？」

此外，還有「後設倫理學」和「應用倫理學」這兩部分，前者不主張甚麼是應該做或不應該做，它像是跳高一層，檢視道德語言的性質或規範倫理學背後的預設，例如探討「道德語句有沒有認知意義？」通常比較抽象和專門，對一般人來說，也較為陌生和難明白。至於後者，是運用規範倫理學來處理具體的道德問題，例如自殺、安樂死、墮胎等等，這些問題跟我們的日常生活較為密切，一般人也會關心，亦能夠表達自己的意見。從這個角度看，倫理學就有三個層次：後設、規範和應用，由抽象到具體，從專門到日常。

05

意志自由

我之所以打你，是被決定的，人根本沒有自由意志，不要責怪我！

我不會責怪你，但我會還手打你，因為我的行為也是被決定的！

雖然人有沒有自由意志是屬於形上學的範圍，但跟倫理學也有着密切的關係。如果人的行為是完全被決定，根本沒有自由意志的話，或自由意志只是幻象，那麼，我們還需要為自己的行為負上道德責任嗎？

決定論可分為兩種，一種是「上帝決定論」，主張所有發生的事都是由上帝所決定，無論是耶穌上十字架，還是猶大出賣耶穌，都是出於上帝的安排。上帝決定論有一個較弱的版本，並不是所有事情都是由上帝決定，上帝只決定一些重要的事情。例如新教的喀爾文教派相信上帝早就決定了誰人得救，著名德國學者韋伯（Max Weber）認為正是這種「救贖論」催生出資本主義，由於是否得救早就被決定了，於是教徒產生很大的焦慮，為了減低焦慮，他們唯有努力地工作，儉樸地生活，以顯示自己是上帝的選民，而所累積的財富則形成了巨大的資本，成就了資本主義。如果上帝存在的話，我也認為上帝並非決定所有事情；不過，如果你相信「上帝是全知」的話，也可以推論出「一切都是被決定的」，因為既然上帝知道未來所有會發生的事，即表示未來已經被決定了。如果不是由上帝決定，那就是另一種決定論，叫做「因果決定論」。

另一種因果決定論則認為，每一個事件都是由於之前的原因所導致，而這些原因也是事件，又被之前所出現的原因所導致，如此類推；也可以說，我們今天所做的一切，早在我們出生之前就已經決定了。十九世紀法國科學家拉普拉斯（Laplace）提出了一個思想實驗，假設有一高智能的存在，知道了所有自然定律，並掌握瞬間的所有資料，該存在就可對未來作出準確的預測。這種因果決定論看似很科學，科學不就是要尋求事物之間的因果關係嗎？那麼，我們有沒有科學上的證據支持人沒有自由意志呢？有一個實驗是這樣的，受測試的人可以隨時用右手或左手來按掣，而負責測試的人就觀察受測試者的大腦，在他們按掣前十秒預測他們會用哪一隻手；換言之，在他們未決定前就可預知其選擇。雖然這個實驗的準確度只有六成，但對「自由意志是假象」也有一定程度的支持。

由此看來，科學和道德似乎有一種潛在的衝突。如果說道德預設了人有自由意志，而科學則預設了因果律，我們的行為也受因果律的支配，我以為自己可以做決定不過是錯覺；那麼，殺人犯是不得不殺人，他根本沒有選擇的自由，所以不須為行為負責任，道德也沒有意義。十八世紀德國哲學家康德（Immanuel Kant）提出一個解決方法，就是將科學和道德歸入不同的範疇，科學研究的是現象世界，而道德則屬於本體界。由於人類在認知上有着先天的限制，無法認識本體；但可以通過道德實踐，把握到本體的價值和意義，在道德上人才有真正的自由可言。

也有一個學派同時肯定決定論和人有自由意志，那就是古代的斯多葛（Stoic）學派，這個學派認為宇宙所發生的一切事件，背後都是由一些不可變的法則所支配，人是沒有能力改變的，唯一可做的就是改變自己對世界的態度，接受一切都是被決定的事實。問題是，斯多葛學派既認為一切都是被決定，那麼人對世界的態度亦應是被決定的，但又說人能改變自己對世界的態度；換句話說，至少在這一點上肯定人有自由意志。這個學派的倫理主張會在〈順應自然〉（P.134）這一篇詳細討論。

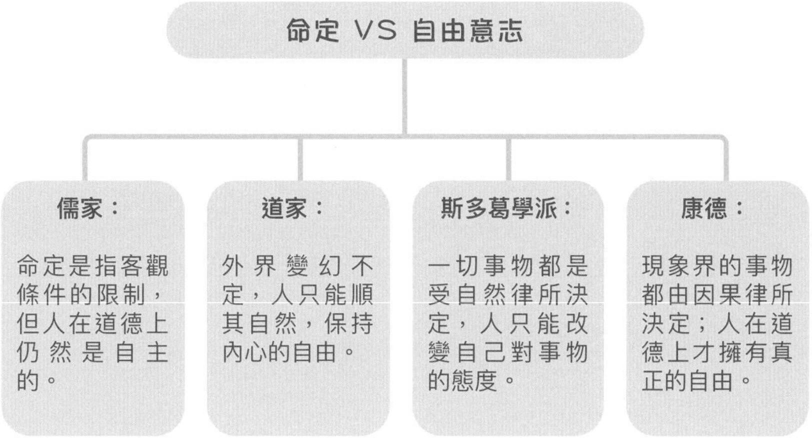

命定 VS 自由意志

儒家：	道家：	斯多葛學派：	康德：
命定是指客觀條件的限制，但人在道德上仍然是自主的。	外界變幻不定，人只能順其自然，保持內心的自由。	一切事物都是受自然律所決定，人只能改變自己對事物的態度。	現象界的事物都由因果律所決定；人在道德上才擁有真正的自由。

前面提到決定論否定了自由意志，所以我們不須為行為負道德上的責任；但其實根據決定論，也可以說我們是被決定對個人行為負上道德責任。決定論的弔詭之處在於，無論發生甚麼事，我們都可以用決定論解釋，它根本不被任何可能的經驗證據所推翻；換言之，這其實是一個必然為真，卻缺乏經驗內容的空廢理論。[1]

一個接受決定論的人和另一個不接受決定論的人，遇到車子撞過來還是一樣會閃避。我認為，有些事是我們自己所決定的，例如我要不要講真話，當然，我這個決定是受其他因素影響，但我還是有最

1　關於邏輯學上如何界定空言廢語，請參考本書的前作《圖說實用邏輯學》（非凡出版）。

後的決定權，我就是這個決定的原因。只要我的自由不受限制，而我又有能力做的話，我就能夠完成這件事，所以人還是要為自主性的行為負上責任。

當然，人有着先天和後天條件的限制，也可以說，某程度人是被決定的。例如一個患有唐氏綜合症的人，先天上的智能就受到很大限制，即使後天怎樣努力也很難跟正常人一樣。雖然有着各種條件的限制，但人還有選擇和努力的空間，人有自由去追求自己的人生目標和意義。打個比喻，人生就像乘坐一列火車，火車的方向是被決定了，人力是沒法改變的；但在火車上做甚麼則是自己可以決定，人也必須對自己的決定負上責任。

06

道德情感

羞恥感是先天的，
有着超越的根源，
是人向善的動力。
儒家學者

神學家

儒家學者

羞恥感是人背離上
帝，切斷了超越的
根源才出現，可視
之為懲罰。
神學家

其實「道德情感」這個詞是充滿歧義的，從一般人的角度看，道德情感就是指那些促使我們行善去惡的情感，如憐憫、同情心、正義感等，有人認為愛國心這種頗具爭議的東西也是一種道德情感。但康德的說法有點不同，他認為道德情感是由兩種感受結合而成，一種是源於對自然性向的羞惡感，另一種是對道德律的崇敬之情。在這裏我想探討的是羞恥和內疚這兩種情感，由於它們跟道德有着密切的關係，也不妨稱之為道德情感。

二次世界大戰期間，人類學家潘乃德受美國政府委託，對日本文化進行研究，後來寫成了《菊與刀》一書，提出了「恥感文化」和「罪感文化」之分。日本乃至東方文明屬於恥感文化，而西方的基督教文明則屬於罪感文化。恥感文化有賴於外部的制裁，做了不當的行為，在別人的注視下，我們才會感到羞恥。至於罪感文化，錯的行為是透過「罪」化為內在的信念，做了錯事，個人內心會懺悔以求贖罪。

潘乃德的說法反映着西方傳統的觀點，內疚比羞恥更正面和積極，羞恥只是一種負面情緒。根據《聖經》，人類的始祖阿當和夏娃原本生活在無憂無慮的伊甸園，後來受了蛇的誘惑，偷吃了能判斷善惡的智慧之果，因裸體而感到羞恥。神學家奧古斯丁（Augustine）認為，羞恥正是人墮落的象徵，也是背離上帝所得到的懲罰。他指出在人墮落之前，人的性器官是受到自由意志的控制；但人墮落之後，性器官就不受控制。比起基督教，亞里士多德較正面看待羞恥，在《尼各馬可倫理學》一書中，亞里士多德將羞恥定義為「一種恐懼因做了卑劣之事而損害名譽的情緒」，羞恥不過是「恐懼不名譽」

而已，所以他認為將做了錯事而感到羞恥的人視為有德是荒謬的；然而，羞恥對年輕人來說還是有正面的意義。

亞里士多德正正道出了羞恥的他律性，中國人有所謂面子工夫，是人際交往的潛規則，比如說要保存對方的面子，不要讓人丟臉，這是支配傳統中國人行為的重要機制。而面子跟恥感是連在一起的，傳統上中國人做了不當的事，被人揭發之後會感到羞恥，就是怕丟臉或失面子。不過，中國儒家思想強調的是羞恥自律一面，《論語》就有不少地方處提到「恥」。例如「敏而好學，不恥下問，是以謂之文也」、「君子恥其言而過行」、「邦有道，貧且賤焉，恥也；邦無道，富且貴焉，恥也」、「邦有道，穀；邦無道，穀，恥也」等等，孔子主張人應該「有恥」，那就不單不會做壞事，而且會追求道德的提升。孟子進一步強調羞恥之心是人所固有的，並有着超越的根源，那就是天。「惻隱」、「羞惡」、「辭讓」和「是非」是孟子所講的四端之心，由四端可以發展出「仁」、「義」、「禮」、「智」四種品德。

我認為孟子講的羞惡之心包含羞恥和厭惡，羞惡對應的品德是義，即正當，若是自己做了不正當的事，就會感到羞恥；若是他人做了不正當的事，就會感到厭惡。正如孟子所說：「人不可以無恥；無恥之恥，無恥矣。」孟子所講的「恥」跟亞里士多德有着顯著的分別，前者是出於不能達到理想的我，後者則是害怕名譽受損。英國哲學家伯納德．威廉斯（Bernard Williams）在其著作《羞恥與必然性》強調羞恥的自律性，不害怕別人恥笑，要面對內在的審視，從而培養出自制的能力，看來威廉斯是儒家的知音人。

在西方文化中，內疚跟宗教有着密切的關係，這是因「原罪」而來的內疚感。內疚與罪的英文都是 Guilt，來自古英語的 Gylt，可以追溯至古日耳曼語 geldaną，意思是償還，德語 tilgen 也是來自這個字；換言之，償還可抵銷罪過，消除內疚。不過，現代西方文化比較強調罪疚感的負面影響。例如心理學家佛洛伊德（Sigmond Freud）主張，由於罪疚感的極度不愉快，所以有時我們為了保存自我而將罪責推給他人，也有可能導致「罪疚情結」；另一位心理學家阿德勒（Alfred Adler）則認為罪疚情結令人執着於自責和自懲，不去做應該做的事，其實是一種逃避，妨礙個人的成長。

內疚也跟良知有關，因為違反良知就會出現內疚。從儒家的角度看，良知是先天的；但根據佛洛伊德的心理學，良知是後天形成的，屬於「超我」，而超我則來自「伊狄帕斯情意結」（The Oedipus Complex，俗稱「戀母情意結」）。根據希臘神話，底比斯王子伊狄帕斯錯手殺了自己的父親，並娶了自己的母親。佛洛伊德借這個故事來表達人類的共同處境，他指出嬰兒早期依戀母親，因為母親是其撫養者，所以視父親為爭奪母親的敵人，但又恐懼父親的報復，最後只有認同父親，將父親代表的社會規範內植，這就成為了我們的良知。除了良知之外，「理想我」也屬於超我，也是父母對我們的要求；當違反規範會感到內疚，達不到理想會感到羞恥。

無論良知是先天或後天，內疚顯然是培養道德不可或缺的情感，因為內疚能令人懺悔，改過自新；羞恥也一樣，不論是他律或自律，有羞恥感也很重要，他律可以防止我們犯錯，自律則有助提升道德。試想一個缺乏羞恥或內疚的人會做出怎樣的事呢？

羞恥 VS 內疚

羞恥
自律性的
積極的，達致「理想我」
他律性的
消極的，避免犯錯
不健康的
令人退縮和逃避
內疚
健康的
引導我們，邁向更好的自己
不健康的
使我們受困於過去，停滯不前

德育問題

每當香港發生像兒子弒父的倫常慘劇時，就會有衛道之士走出來說要加強道德教育，將事件定性為道德問題，但這往往掩蓋了背後的真正社會問題。當然，我不是說道德教育不重要，五育就是以德育為首；可是，傳統的道德教育只是將一大堆的道德規則如「不應傷害人」、「遵守承諾」、「不要說謊」、「尊敬師長」、「孝順父母」等加諸學生身上，以懲罰迫使學生服從，忽略了更為重要的道德思考和情感教育。

個人認為，以上這種說教式的德育是事倍功半的，還是二千多年前的亞里士多德有智慧得多，他說道德教育有兩個階段，第一個階段是兒童期，先培養良好的習慣，要教好孩子，父母必須以身作則；第二個階段是青少年期，給他們說明道德的價值和意義，亦即是說理。但甚麼才是道德的價值和意義呢？在現代社會，固然有不同的說法和理論，所以我們更需要訓練學生思考和說理的能力，容許理性的討論，甚至批評。正如本書第一篇文章〈倫理思考〉中所講，我們要學習釐清概念及如何推論。至於培養道德感，主要是擁有同情心和正義感，可以借用人物榜樣、藝術和文學來進行。我認為還有一項，那就是意志的鍛鍊，這需要較長的時間，孔子也要到七十歲才能做到從心所欲不逾矩。

理性、情感和意志，正好對應着自我結構的三部分「知、情、意」，最早提出自我結構理論的是柏拉圖，就是著名的「靈魂三分法」，他認為靈魂有三種能力，分別是理性、意志和情欲。發展理性，可培養出智慧，用理性控制意志就能培養出勇氣，在意志的協助下，理性就能夠控制情欲，培養出節制，若三種能力得到平衡，這就是公正。

西方哲學的始祖蘇格拉底認為人犯錯只是出於無知，他的名句是「沒有人自願犯錯」。蘇格拉底這種「主知精神」一直支配着西方傳統哲學，例如效益主義的創始人邊沁（Jeremy Bentham）也認為人的動機永遠是善的，惡的後果只是理性不足所致。我覺得這是對人性的過度樂觀，人犯錯固然有時是出於無知，但亦有其他原因，比如說缺乏同情心和意志薄弱。若針對「知、情、意」的自我結構，完整的道德教育應包括理性思考、情感教育和鍛鍊意志。如果說西方文化強調「理性」的話，中國文化似乎偏重於「意志」，正如孔子所說「我欲仁，斯仁矣」，這突顯出意志的力量。

比較孔子和蘇格拉底的教育方法也很有趣。蘇格拉底很喜歡跟學生辯論，他自稱為心靈上的助產士，透過與學生對辯，揭示對方的無知，引導學生自己得出結論。相反，孔子不會跟學生辯論，他採用因材施教的方法，針對學生的個性或缺點來回應。例如司馬牛為人「多言而躁」，所以當他問仁的時候，孔子就回答「仁者，其言也訒」，意思是希望司馬牛說話要小心。孔子的情感教育也很有特色，在《論語》中他多次提到兩種情感「羞恥」和「埋怨」，主張人要「有恥」及「無怨」，羞恥感強的人會要求自己在道德上不斷精進，在上一篇〈道德情感〉已作說明；至於埋怨，雖然不算是嚴重的負面情緒，但若忽視它，就會累積成更嚴重的情緒問題，如厭

（討厭）、慍（生氣）、怒（憤怒）、惡（厭惡）、憾（遺憾）、悔（後悔）、哀（哀傷）、戚（憂愁），所以道德修養要從「無怨」做起，正如孔子所說「不怨天，不尤人」。即使到了現代社會，古代的道德教育仍很有參考的價值。

蘇格拉底 VS 孔子的教育

	主張	具體行動
蘇格拉底	成為學生心靈上的助產士	與學生對辯，揭示對方的無知，引導學生自行得出結論。
孔子	因材施教	學生提問時，針對該學生的個性或缺點來回應和提出主張。

我認為道德的核心是品德，所以道德教育的重點就是培養品德。對於現代民主自由的社會來說，有兩種品德十分重要，那就是「說理」和「容忍」。由於每個人都有表達自己意見的自由，我們必須尊重，也要學會容忍差異；若想別人接受自己的意見，就得通過說理的方式來說服對方。

雖然說道德教育是以培養品德為主，但不宜以傳統儒家「成聖成賢」為目標，當然，如果個人以此為方向亦無不可。道德上要求每個人都以做聖人為目標是行不通的，一來要做聖人就十分困難，而且道德上，身教比言教重要，如果老師都做不到，又怎可要求學生做到呢？最後可能只會變得虛偽，成了偽君子。既然做不到，有些人就索性不做，變成了真小人。另外，就是品德的多元性和組合的問題，聖人只是某種理想，還有其他的可能性，比如尼采講的超人。

除了品德培養之外，道德認知發展也是德育的重要一環。心理學家柯爾柏格（Lawrence Kohlberg）認為，良知不只是情緒的反應，還包含認知的部分，道德的發展跟智力的成長有關。柯爾柏格設計了一個思想實驗，探討人的行為動機，情境是這樣的：「海恩茲的妻子正在病危之中，需要一種特效藥才能醫治，但他卻付不起錢買藥，而藥店老闆又不肯降價或延遲付款，他唯有鋌而走險去偷藥，究竟這樣做是否正確呢？」一般稱之為「海恩茲兩難困境」（Heinz dilemma）。柯爾柏格據此向不同人進行訪談，整理出道德發展的三個主要級別：第一級是從個人的利害出發，社會規範是外在的；第二級依從社會規範；第三級認知到社會規範並不完美，屬於批判性的思考。不過，認知跟實際的行為可能會有落差。柯爾柏格的道德發展理論主導了美國上世紀六十年代的道德教育，直到七十年代女性主義的出現為止，在〈關懷倫理〉（P.123）這一篇會探討對道德發展理論的批評。

柯爾柏格的道德發展理論

每階段又再分為兩個動機，所以總共有六個階段，而每個動機又可以有「應該」和「不應該」兩種判斷，以下是一些例子。

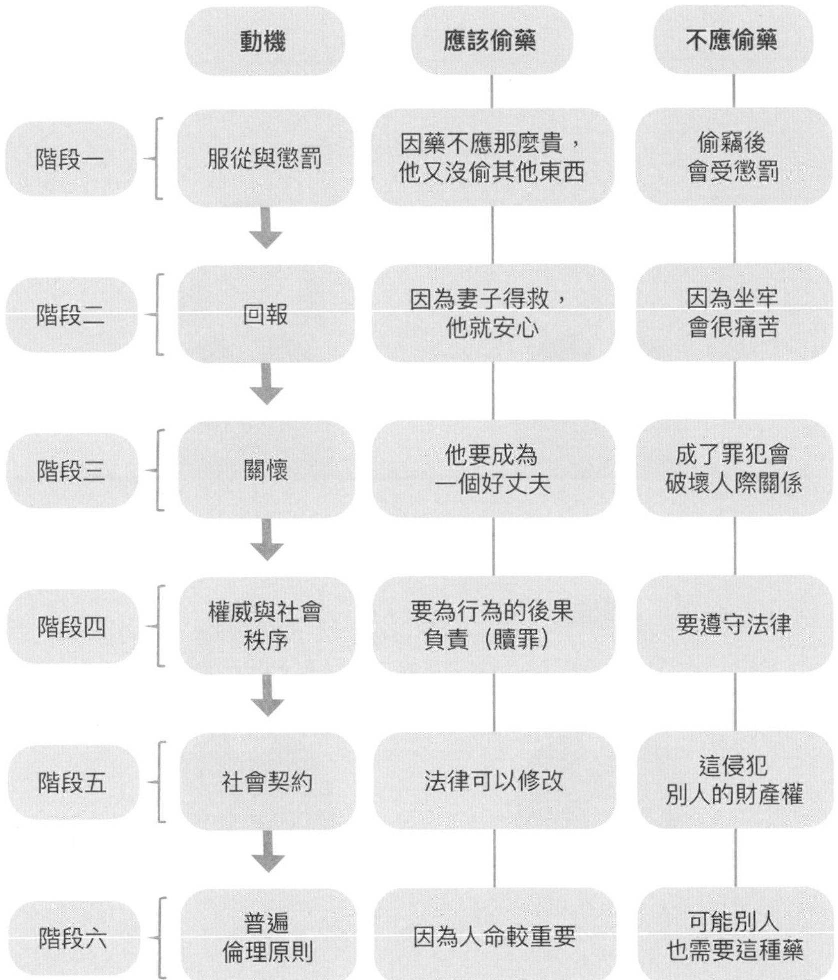

08 黃金定律

在美學裏有一條「黃金定律」（Golden Rule），就是「1:1.618」這個比例，凡符合這個比例的事物都是美的。例如名畫《蒙羅麗莎》就是用這個比例來構圖，古希臘維納斯女神雕像（Vénus de Milo）也符合該比例，還有很多自然事物如樹葉、貝殼、人體構造都是如此。在道德上，我們也有一個放諸四海皆準的「黃金定律」，要攻擊〈主客相對〉（P.14）中提到的相對主義，這是一個很好的論點。

當然，不同文化對此有不同的表述方式，「黃金定律」這個名稱來自基督教，《聖經》說：「你想別人怎樣待你，你就應這樣待人。」例如你想人愛你，你也應該愛人。儒家的版本就是孔子講的「己所不欲，勿施於人」，意思是不想別人怎樣對待自己，也不應這樣待人，比如自己不想被人欺騙，就不應該欺騙別人，也稱為「恕道」或「推己及人」。有人認為儒家的版本屬於一種負面表達，不及《聖經》正面；但邏輯上，兩者可表達相同內容。例如根據《聖經》的黃金律，我們也可以說：「我想別人不欺騙我，我也應不欺騙別人。」類似的原則在其他文化或宗教也找得到，例如猶太教經典《塔木德》說：「自己所憎惡之事，不可加諸於人。」佛教《增一阿含經》說：「凡於自己不愛不快之法，於他亦為不愛不快之法，然則我緣何得以自己不愛不快之法，而緊縛他人哉。」

康德的倫理學屬於義務論，他主張的終極道德原則名叫「定言律令」（Categorical imperative），也蘊涵着黃金定律。其實黃金定律是定言律令的一個面向，稱為「普遍定律」，只是康德的版本更為學術和嚴謹。根據普遍定律，要判斷一個行為是否我們的義務，就要看它可否普遍化，所謂普遍化的意思是「你願意這個行為是所有人都能夠遵守，並且沒有產生矛盾」。一般道德規則如「不可偷竊」、「不可說謊」和「遵守承諾」等都可以普遍化。如果不可以普遍化的話，我們就有義務不做，例如「因私利而拒絕幫助有需要的人」，這個行為可否通過普遍化的測試呢？答案是否定的，因為當我們有需要的時候也想別人幫忙，所以不會願意這個行為普遍化，為天下人所效法，結果我們就有義務幫助有需要的人。如果有人問為甚麼要設身處地、推己及人的話，那就可用「定言律令」的另一個面向來解釋，那是「將人看成是目的本身，不要將人看成只是手段」，簡言之，就是尊重。

黃金定律的普遍性高於一般的道德規則，如「不應殺人」、「不應傷害人」、「不應說謊」等等，因為黃金定律可以說明這些道德規則。普遍性也就是理性的要求，當我說你應該公正待人，我也應該公正待人；若我認為自己可以不公正待人的話，這就是不一致，違反理性，黃金定律正反映出理性的要求。黃金定律也讓人易於理解和接受，比如說小孩子搶了他人的玩具，不妨這樣說：「你也不想心愛的玩具被人搶去，所以你也不應該搶去他人的玩具。」這正是黃金定律的應用。在上一篇〈德育問題〉談到道德教育的第二個階段就是說理，黃金定律也可以看成是說理的起點，因幾乎是不證自明的。

有人批評黃金定律欠缺普遍性或應用性，例如本篇漫畫中的「我不喜歡讀書，所以我也不應強迫我的孩子上學」。首先，黃金定律並不是唯一的道德原則，我們還有獨立於黃金律之外的道德價值。其次，除了理性的要求，黃金定律背後還有設身處地為人着想的精神；即使我和孩子都不喜歡讀書，但也不應該不讓孩子上學，因為讓孩子上學是為他好。除了設身處地為他人着想之外，黃金定律也含有互惠互助的精神。不過，這也帶出一個問題，就是黃金定律究竟有沒有實質的內容，抑或只是一個空洞的形式？我認為，黃金定律的內容建基於人性和社會環境，有可能會改變；或者在應用上存在灰色地帶，但這是道德實踐上無可避免的問題。舉個例，最近看了一部日本電影，叫做《守護天使的失格》，講述一位護理員為解除年老失智症病人及其家屬的痛苦，用安樂死的方法結束病人生命，電影中有一幕是護理員跟檢控官的對辯，護理員就用黃金定律為自己辯護，他說：「如果我患了失智症，也希望護理員用安樂死的方法給我結束生命；所以我也應該這樣對待失智症的病人。」這是黃金定律的誤用嗎？當安樂死合法化之後，難道這不是支持安樂死的理由嗎？

黃金定律的不同表述

孔子	己所不欲，勿施於人。
佛陀	凡於自己不愛不快之法，於他亦為不愛不快之法，然則我緣何得以自己不愛不快之法，而緊縛他人哉。
耶穌	你想別人怎樣待你，你就應這樣待人。
古希臘哲學家 泰利斯（Thales）	不要做自己會斥責他人為何這樣做的事。
康德	依據「是否願意這個行為是所有人都能夠遵守」而行動。

神律道德

為甚麼不可以殺人？

因為這是神的命令。

信徒

教士

會否由於殺人本身是不道德，
神才會有這樣的命令呢？

大膽！你有
甚麼資格質
疑神？

信徒

教士

在西方傳統文化中，道德的價值和規範都是來自宗教；若信仰式微的話，道德就會失去了支柱，難怪尼采宣稱「上帝已死」會那麼震撼。

我們可以將道德看成是一組律則，就好像法律一樣，法律是由人所制定，這些道德律則又是由誰訂立呢？主張道德建基於宗教的人認為，道德律正是上帝所頒佈的命令，我們要無條件服從；而且上帝一直在監察我們，違反道德將受到上帝的懲罰。正如俄國大文豪陀思妥耶夫斯基（Fyodor Dostoyevsky）所講「如果上帝死了，一切都會被允許」，沒有上帝為道德立法，自然就沒有道德法則要遵守。我想起了活地阿倫（Woody Allen）的一部電影《犯罪與不端》（*Crimes and Misdemeanors*，港譯《歡情太暫》），電影中有一個飾演猶太教拉比的角色，他提及「道德結構」，意思是每一件事都是上帝的安排，有其目的和意義，即使陷入困境，也是一種考驗，幫助我們提升和進步。這是一種目的論的宇宙觀，當然，這種宇宙觀不一定要預設上帝的存在，但有上帝存在的版本，祂就是最終的目的，賦予一切意義和價值，包括道德價值。

既然道德的標準來自上帝，服從上帝的意志就是對的，違反上帝的意志就是錯的，但如何得知上帝的意志呢？在基督教的傳統中，只有耶穌（Jesus）、摩西（Moses）和先知等少數人才可以聽到上帝的聲音，然後轉告世人，例如《舊約聖經》的摩西十誡和《新約聖經》的登山寶訓。但從無神論的角度看，若道德必須建基於上帝，既然上帝不存在，所以道德完全是虛構的。在《歡情太暫》這部電影中有一個角色 May，代表的就是道德的虛無主義，她不相信上帝的存在，理由是六百萬猶太人遭到屠殺，上帝竟然袖手旁觀，這跟「上帝若是全善，為甚麼會有惡？」這個問題有關。

但如果上帝是存在的話，上帝的命令都一定是道德的嗎？就以上帝命令亞伯拉罕殺子獻祭為例，那是自己的兒子，而且明顯是無辜的，上帝這個命令違反了一般人的道德意識。有人說上帝只是為了測試亞伯拉罕的信心，而祂最後也阻止了亞伯拉罕殺子。被譽為存在主義先驅的齊克果（Kierkegaard）從「宗教超越道德」的角度解釋阿伯拉罕殺子的故事，由於信仰超越善惡，為了信仰必須放棄一切。亦有人認為上帝的本質是善，所以上帝不可能命令我們行惡之事；但如果善就是上帝命令我們做的事，那麼，「上帝命令我們行善」就變成了「上帝命令我們行上帝命令我們行的事」，這是「恒真句」，必然為真，卻是毫無內容的「廢話」。

根據《聖經》的記載，有時上帝會命令我們做一些似乎跟道德不相干的事，例如《利未記》中記述了上帝命令：「不可以將兩種不同的種子種植在同一處。」在《申命記》中上帝說：「要在衣服的四角繡上流蘇裝飾。」有時上帝的命令十分殘暴，例如在《撒母耳記》，上帝命令掃羅王「攻擊亞瑪力人，完全摧毀他們一切，殺盡所有男人、女人、兒童、嬰兒、牛、羊、駱駝和驢子」；又例如《使徒行傳》記載了一個故事，上帝處決了一對夫婦，原因只是他們沒有奉獻足夠的金錢給教會。如何解釋這些看似「不道德」或「非道德」的命令呢？我認為可以有三種解釋，第一，記述有誤，這個可能性最高；第二，道德律雖然有普遍性，但並非絕對，總有例外的情況，就以「不應殺人」為例，一般來說是對的，但自衛殺人就不算是錯，由於上帝的智慧比我們高得多，祂知道有些特殊情況不應遵守道德律；第三，上帝這樣做是為了特定目的，例如考驗我們的信心。

將道德上的對錯視為上帝的命令，可稱為「神諭論」，柏拉圖早就在《尤西弗羅篇》對神諭論提出質疑，一個行為之所以是對，是由於神命令我們執行它？還是由於行為本身是對的，神才命令我們執行呢？如果是前者的話，道德就變成是任意的，有一天上帝命令我們殺人，殺人就是對的，道德亦失去了客觀性；如果是後者的話，道德的價值就獨立於上帝，而上帝也不是道德的基礎。由於神諭論出現了兩難的情況，要麼道德是任意的，要麼道德不需要上帝，這就是為甚麼十三世紀的神學家阿奎那（Thomas Aquinas）會否定神諭論，主張道德建基於自然法。不過，自然法本身也有它的困難，特別是現代科學的興起，建構出一個機械式的宇宙觀，取代了過去亞里士多德和基督教那種充滿意義的宇宙觀，自然法那種價值與事實結合的理論就顯得格格不入。

道德跟宗教有着密切的關係，一方面道德實踐是通向宗教講的超越性境界；但另一方面像齊克果所說，宗教是超越道德的。有人認為，道德就好像一把梯子，當我們爬過梯子，到達牆的另一面（即超越的世界），就得放棄梯子。

上帝與神律道德

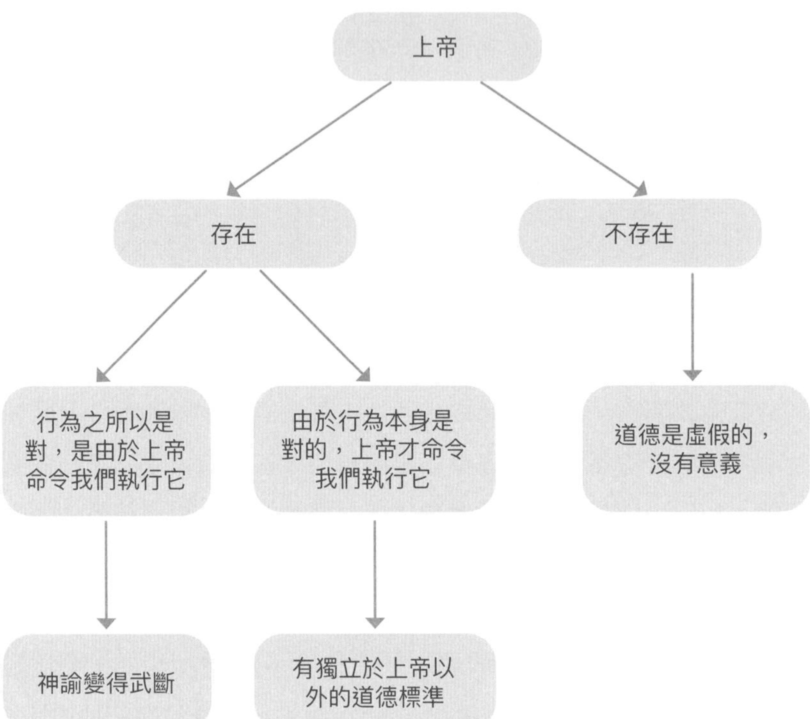
上帝
存在
不存在
行為之所以是對，是由於上帝命令我們執行它
由於行為本身是對的，上帝才命令我們執行它
道德是虛假的，沒有意義
神諭變得武斷
有獨立於上帝以外的道德標準

10 人不為己

每個人都要為我的利益服務！
利己主義者

不對！我們要為他人的利益服務。
利他主義者

這沒有衝突，我是利己主義者，你是利他主義者，你不就是要為我的利益服務嗎？
利己主義者

利他主義者

中國人有一句話叫做「人不為己，天誅地滅」，可謂利己主義的最佳註腳；不過，其實利己主義有着不同的種類，它們之間的差異也很大，由古希臘哲學家亞里士迪帕斯（Aristippus）和伊壁鳩魯，到近代的尼采，都可以說是利己主義者。利己主義的要旨為增進自己利益的行為是對的，傷害自己利益的行為則是錯的。但甚麼是「利益」就很有爭議性，如果人人的利益都不同，那就可能會走入道德相對主義或主觀主義。從日常經驗中，我們會發現很多東西對不同的人來說都是利益，這樣我們就會出現利益的衝突。

通常對於利己主義有兩種誤解，第一種誤解是以為它主張自私，但自利不一定不理會他人的利益，或損害他人的利益；換言之，自利不一定是自私的。自私是一個含混的概念，它的應用的範圍很大，或者說，自私有着不同的程度。中國先秦時的楊朱就是利己主義者，他說：「拔一毛而利天下，不為也。」是一個極端的自利者；但他也說：「悉天下奉一身不取也。」不拔一毛而利天下，但也不取人家的利益，這樣又不算十分自私。

第二種誤解是以為利己就是享樂，伊壁鳩魯的思想之所以被稱為「享樂主義」，就是源於這種誤解。伊壁鳩魯主張人應該追求快樂，而快樂很多時都來自慾望的滿足；但伊壁鳩魯指出，慾望不能滿足的話，反而會帶來痛苦。他對慾望進行分類，發現有些是自然和必須的，例如食慾；有些則是自然，但非必須的，例如性慾；還有一些是非自然和非必須的，例如權力和地位，那類慾望是從社會中學習得來。伊壁鳩魯主張我們應該控制慾望，保持在自然和必需的水平，追求心靈的平靜，那才是真正持久的快樂，正如中國人講的「清心寡慾」，而個人的德性，例如儉樸、誠實、公正等都能使人心靈平靜。對伊壁鳩魯來說，最大的利益就是心靈平靜。

如果每個人都應該提升自己的利益，當有利益衝突的時候如何解決呢？雖然利己主義者只考慮自己的利益，但通常都會遵守社會的道德規範，因為不遵守的話會受到懲罰，這反而損害自己的利益，損人利己的行為只能得到短暫的利益，並不合乎個人的長遠利益。當然，一個利己主義者也可以利他，因為大家可以有着共同的利益，有時幫助他人最後會對自己有利。道德也可以帶來正面的利益，例如我們常說誠實是最好的策略，因為誠實可以贏取別人的信任，對自己有利。由此可見，利己主義也會贊成某些利他的行為，因為這些行為可帶來人的長遠利益。

不過，有時可能連自己也分不清楚動機是利己還是利他，例如有次我在灣仔看到一個身體畸形的乞丐，實在不忍心，於是施捨了點錢給他，究竟我是同情他，還是想減輕自己內心的不安呢？但若是完全無私的利他行為，甚至犧牲自己的生命，從利己的角度看，就會判定為非理性或愚蠢；但這卻嚴重違反一般人的道德意識，也可以說，利己主義不能充分說明道德的價值。

另一方面，也有人並不認同利他的犧牲，女哲學家蘭德（Ayn Rand）就認為追求自己的幸福是最高的道德目的，而利他主義要人犧牲自己的利益，就有違道德目的，並指摘利他主義腐蝕人掌握生命價值的能力，在這裏我看到尼采的影子。當然，個體本身有價值，每個人都有追求自己幸福的權利，甚至是義務，因為若你都不照顧自己，誰來照顧你呢？但利己與利他不一定有衝突。在中國先秦時期，有一個跟楊朱相反的人叫做墨子，他終日奔馳，為的就是別人的福祉，有次他知道楚國要攻打宋國，就連夜走了十日，由魯國趕到楚國，成功說服楚王不要出兵。孟子形容墨子為「摩頂放踵」，即是磨禿了頭，走破了腳跟，以後「摩頂放踵」就用來表示不辭勞苦，捨己救世。墨子的捨己行為雖然有道德價值，卻是超義務，要求一般人也這樣做是不恰當的。利己和利他之間還有其他可能的情況，利他也有不同的程度，蘭德只不過是誇大了人生目標之實現和利他兩者之間的衝突。

還有一種很特殊的利己主義，可稱之為「個人的利己主義」，主張每個人都應該為「我」的利益服務，而這個「我」可以是任何人，那就是說，每個人都應該為任何人服務，但我相信在這個經驗世界，這完全是不可能實現的，也近乎自我推翻，除非每一個人的利益都是一致。我認為一個真正的利己主義者是不會提出利己主義的主張，而是私底下行事；因為人人都追求自己的利益，那就不利於他追求自己的利益，最好的就是其他人都是利他主義者。

利己 VS 利他

利己和利他都有着不同的程度，大部分人的道德取向都是在這兩個極端之間。

利己主義	利他主義
人應追求自己的利益，道德只是實現個人利益的手段。	人應該為他人的福祉服務，道德就是指引。
利己 ← 自私自利	利他 → 捨己為人

11 增進效益

根據效益原則，你應該捐錢給公益金，把快樂帶給更多人。
效益主義者

那就不只公益金，還有其他慈善組織。
反效益主義者

對呀！你應該這樣做。
效益主義者

問題是，根據這個原則，我唯有一直捐助，直至自己變成被捐助者才可以停止，這未免太荒謬了！
反效益主義者

現在很流行以效益為判斷的標準，比如說「這樣做的效益很低」或「這能帶來甚麼效益呢？」可是，「效益」是甚麼意思呢？我發現很多人所說的效益大多等同於經濟利益。效益主義又名功利主義，英文是 Utilitarianism，功利主義是舊譯，但「功利」一詞較為負面，還是「效益」比較好，也接近英文的原意。效益主義有兩位主要代表人物，一位是其創始人，十八世紀英國哲學家邊沁，另一位是這思想的重要繼承者彌爾（John Stuart Mill）。

正如〈理論比拼〉（P.19）那篇所講，效益主義屬於後果論，道德就是為了帶來好的後果。但究竟是甚麼樣的後果呢？對效益主義來說，那就是快樂。邊沁強調所謂「快樂」或「痛苦」只是日常的意思，並沒有甚麼神秘性。例如欣賞美麗風景時的愉快，或是患病的痛苦。但那是誰的快樂或痛苦呢？在這裏，很多人誤解了效益主義，以為只是考慮個人的快樂；但其實效益主義追求的是最大多數人的最大快樂，它要求我們計算所有涉事者的快樂，如果自己也包括在內，則只當其中一分子來計算，所有人都是平等的。根據效益原則，如果整體快樂大於痛苦，這行為就合乎道德；若痛苦大於快樂，這行為就是不道德。邊沁積極應用效益主義來改善當時英國的制度，他創辦了倫敦學院，這是第一所招收女性、猶太人及異見分子為學生的大學；又提議建造一座圓形的監獄，可以全天候監視囚犯，還主張交由民間經營，只是沒有被採納。

這裏衍生兩個問題，第一，「為甚麼道德取決於快樂？」第二，「如何計算快樂？」先討論第一個問題，根據效益主義，只有快樂才有內在價值，我們的所有行為最終都是為了快樂，人性就是追求快樂、避開痛苦。正如邊沁所說「自然將人類置於兩個統治者的管轄，一個是痛苦，另一個是快樂。唯有它們可以告訴我們應該做甚麼，同時決定我們做甚麼」，雖然人性是追求快樂，避開痛苦，但只是追求自己的快樂，避開自己的痛苦；由此怎樣推論出我們應該追求其他人的快樂，消除其他人的痛苦呢？邊沁解釋這是因為追求其他人的快樂最終會令自己快樂；但彌爾則認為這是植根於人性中的社會感（Social Feeling），每個人都渴望與其他人合為一體。

在上一篇〈人不為己〉中，我們討論過伊壁鳩魯的倫理學，可稱為個人快樂主義，伊壁鳩魯相信我們可以通過理性的計算，有效地節制慾望。邊沁所倡導的效益主義也是建基於快樂，但追求的是最大多數人的最大快樂，可稱為利他的快樂主義。邊沁在《道德與立法原則概論》一書中，提出了七個計算快樂的量化標準：

快樂的七個量化標準

1. 強烈性	愈強烈的快樂，價值愈高。
2. 持久性	愈長久的快樂，愈有價值。
3. 確定性	快樂出現的機會愈大，價值愈高。
4. 接近性	快樂愈早出現，愈有價值。
5. 豐富性	有些快樂會帶來另一些快樂，例如吃美味和有營養的食物，既帶來味覺的快樂，也帶來健康的快樂。

6. 純一性	快樂的純粹性。例如欣賞音樂和吸食毒品都會帶來快樂，但前者的純一性明顯比後者為高，因為後者同時會帶來痛苦。
7. 範圍	牽涉的人數，愈多人得到的快樂，價值也愈高。

不過，我很懷疑快樂可否這樣量化，很多時我們只能粗略地比較兩種快樂，而不能精確地計算出快樂的程度；而且快樂還可以有質的分別，例如精神性的快樂就高於物質性的快樂。彌爾認為不但要計算快樂的量，也要考慮快樂的質，他說：「寧願做不滿足的人，也好過做滿足的豬；寧願做不滿足的蘇格拉底，也好過做滿足的笨蛋。」意思是做人的快樂質素比豬高，而一個智者的快樂質素又比蠢人高。若對快樂質素的高低有爭議該怎麼辦呢？彌爾認為應該交給能夠享受到這兩種快樂的人來判斷。

效益主義的好處是提供一個理性的計算程序，判斷行為的對錯。首先將所有可選擇的行為列舉出來，再計算出每一個選擇所帶來的快樂和痛苦，然後將快樂減去痛苦，就知道哪一個能帶來最大的快樂。從這個角度看，效益主義很符合我們的常識，那就是「兩害相權取其輕，兩利相權取其重」。可是，有時效益原則並不適合指導我們的行為，因為如果我們每一個抉擇都要為了最大多數人的最大快樂，那就會有太多義務承擔的問題，幾乎沒有人做得到。不過，在政府層面就沒有問題，效益主義是十分適用於制訂社會政策，可為社會上最大多數人帶來快樂。亦有很多對效益主義的批評，例如只考慮後果，不理會動機；邊沁的回答是人的動機都是好的，惡只不過來自壞的後果。但這似乎是對人性過分樂觀了。

效益主義的最新發展是「有效利他主義」（Effective Altruism），由蘇格蘭哲學家威廉·麥克阿斯基爾（William MacAskill）提出，他在 *What We Owe the Future* 一書主張使用最有效的手段來增進人類的快樂，例如投資最有效率的 NGO。如最近備受爭議的非牟利機構 OpenAI 就是建基於「有效利他主義」，該機構主張運用人工智能有效地提升人類的福祉。

效益主義的分裂

效益主義時常被人批評「為了多數人的利益而犧牲少數人的權利」，此批評導致效益主義的分裂，產生出規條效益主義，原來的則稱為行為效益主義：

行為效益主義

直接應用效益原則來判斷行為的對錯。

規條效益主義

道德規則是建基於效益原則，一旦建立這些道德規則之後，就用它們來判斷行為的對錯，這是間接應用效益原則；若遇到規則衝突的情況，就直接用效益原則來解決問題。

12

無上命令

康德
你知道説謊是不對的嗎？

彌爾
這只不過是白色謊言，
對人沒有傷害性。

康德
你錯了，不應説謊來自
「定言律令」，任何情況
下都是不可以違反的。

彌爾

彌爾
那麼你從來沒有説謊嗎？

康德
當然有，人犯錯有
甚麼出奇！

康德倫理學通常歸類為義務論，義務論跟後果論不同，不是根據行為的後果來判定對錯，而是行為本身。例如「殺人」本身就是不道德，所以我們就有「不應殺人」的義務。

不過，康德倫理學又跟一般義務論有所不同，除了行為本身之外，也要看行為的動機，是哪種動機產生道德的行為呢？當然是善良的動機。康德指出，只有善良的動機才是無條件的善，很多我們認為是善或好的東西，如勇敢、堅定、節制、忠心等品德，若是邪惡動機所驅使，都可以產生惡。從這個角度看，康德倫理學跟效益主義就像是兩個極端，前者關注行為的動機，不理會後果；後者則只計算後果，不理會動機。

要注意的是，康德所講的「善良動機」跟一般人理解的不同，比如說常人會認為「出於同情心」或「減低人的痛苦」都是善良的動機；但對康德來說，這些都算不上是善良動機。康德認為，「善良動機」就是根據義務而行的動機，即出於責任的動機；換言之，動機是遵守義務的話，所產生的行為就是對，違反義務的則是錯。

而各種義務論的主要分別就在於義務的來源，是父母、社會、契約、上帝或是其他。康德認為，義務不是外在強加於我們，而是來自我們自己的理性，康德有所謂「理性為道德立法」的說法，即我們頒佈命令給自己遵守。由於每個人都具有理性，所以每個人都有相同的義務，並理解自己的義務。理性會頒佈兩種法則來指導我們的行為，分別是「定言律令」和「假言律令」，只有定言律令才是道德的基本原則；換言之，我們的義務就是來自定言律令。

定言律令具有「你應該做Ｘ」這個形式。例如「你應該幫助人」，幫助人是出於責任，跟後果和個人的利益無關，「定言」的意思是無條件，「定言律令」就是命令我們無條件遵守理性所頒佈的律則。假言律令則具有「如果你想得到Ｙ，你應該做Ｘ」這個形式，康德說，遵守假言律令的行為並沒有道德價值，即使符合義務。例如「如果你想人幫助你，你應該幫助人」，幫助人是符合義務，但動機是為了他人幫助你，那就沒有道德價值（注意，沒有道德價值並不表示不道德）。又例如，一個人之所以誠實，動機是為了得到他人的信任；雖然誠實合乎義務，但由於動機不是出於責任，也沒有道德價值。

康德反對效益主義的原因就是效益主義建基於假言律令「為了帶來多數人的最大快樂，你應該做Ｘ」。從康德的角度看，若道德建基於行為的後果，那就欠缺普遍性，只有理性才可保住道德的普遍性和必然性。

但是，我們如何知道「幫助人」和「誠實」是我們的義務呢？那就要深入了解定言律令。在〈黃金定律〉（P.40）那一篇簡述了定言律令的兩個面向，一個是普遍定律，另一個是尊重原則。根據普遍定律，若行為可以「普遍化」，那就是義務。所謂「普遍化」的意思是「你願意這個行為是所有人都遵守，而又沒有產生矛盾」，若不可以普遍化，那就違反義務，不應該做。舉個例，「為了利益而偷竊」可否普遍化？答案是否定的，所以我們就有「不應偷竊」的義務；又例如，「為了避免麻煩而作出假承諾」，如果我們容許假承諾的話，社會就會失去信任，那麼你就不可以作承諾，這就是自我推翻（嚴格來說，自我推翻有別於自相矛盾）。

至於尊重原則包含兩部分，第一部分是「將人以目的本身來看待」，第二部分是「不要將人當成只是手段」。「人是目的本身」是甚麼意思呢？可以理解為人有內在價值，而人之所以有內在價值就是因為人有理性，由於動物沒有理性，所以康德認為我們對動物沒有任何義務。但怎樣才算是「將人以目的本身來看待」呢？那就是不但要尊重人的意願，有時還需要協助人完成某些意願。舉個例，面對一個快要餓死的人，如果你有能力的話，就應給他食物，維持其生命；否則就是不將人當成目的。而「不要將人看成只是手段」跟一般所講的「不要利用人」意思相近，即是不使用欺騙或威嚇別人的方式來達成自己的目的。

我認為定言律令的基本精神是成立的，普遍定律展示出理性的一致性，一個行為若是不道德，無論是誰，在類似的情況下這樣做都是不道德的；尊重原則突顯人的平等性，只要是人就值得尊重。不過，康德倫理學也有自身的困難，在這裏只講其中三點。第一，因為所有義務都必須遵守，解決不了義務衝突的問題。第二，理性足以提供行善去惡的動力嗎？對康德來說，「理性為道德立法」，這才是真正的自由，但這真的有推動力嗎？還是說起來動聽而已？第三，判斷行為的對錯時，真的可以不理會後果嗎？看來並不可能。

理性頒佈的道德法則

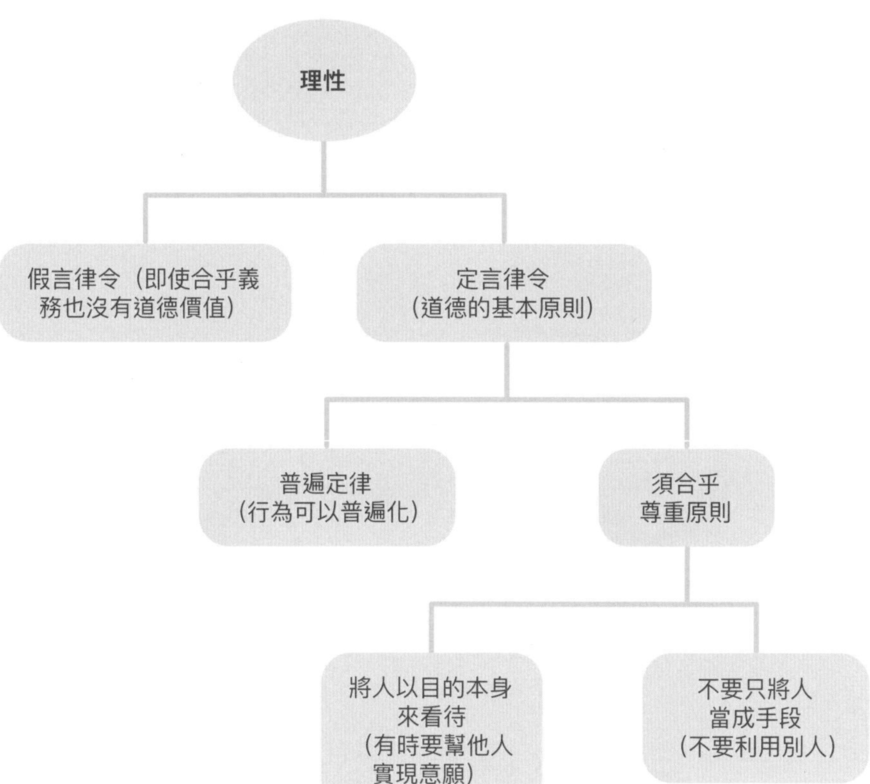

理性
假言律令（即使合乎義務也沒有道德價值）
定言律令（道德的基本原則）
普遍定律（行為可以普遍化）
須合乎尊重原則
將人以目的本身來看待（有時要幫他人實現意願）
不要只將人當成手段（不要利用別人）

13

自由萬歲

不自由，
毋寧死！
Freedom
死了就甚麼都沒有，既沒有生命，也沒有自由。
Life
自由主義者
生命主義者

沒有自由的生命
不值得活！
Freedom
那麼，豈不是這世上大部分人都不值得活？
Life
自由主義者
生命主義者

自由十分重要，因為有了自由，我們就可以充分發展潛能，這樣對個人和社會都有利。有了言論自由，我們就可以通過討論，發現錯誤，迫近真理；自由更是創新的土壤，那些發展進步的國家，大部分都是自由的社會。自由一直是人類追求的重要價值之一；不過，將自由視為權利來爭取，其實只有三百年的歷史，那就是自由主義的思想。

從發展的角度看，有三位哲學家對自由主義的貢獻最大。第一位是十七世紀的洛克（John Locke），他是自由主義的奠基者，洛克在《政府二論》一書中主張人人生而平等，上帝為了使人實踐責任，賦予人類三種基本權利：「生命、自由和財產」，這些權利既不能轉讓，也不可以被奪去。當有人侵犯我們的這些基本權利時，我們就有權去追討及懲罰侵犯者，但這樣做十分費時失事，於是我們將這個權力轉讓給政府，讓政府執行懲罰。換言之，政府的責任在於保障人民的基本權利，這也是政府成立的理據。

西方近三百年來的政治發展，都是受洛克的權利思想所影響，例如 1688 年英國的光榮革命和稍後通過的《權利法案》、1776 年美國的獨立革命及 1789 年的法國大革命。洛克是第一個明確提出「權利」觀念的哲學家，但對於權利證立的方式卻引起爭議，這方面的問題會在下一篇〈權利至上〉詳細討論。

自由雖然重要，卻不能毫無限制，如何設限就是一個大問題。第二個對自由主義有重大貢獻的哲學家是彌爾，在〈增進效益〉（P.54）那一篇我們已經介紹過他，他也是效益主義者。彌爾提出的「不傷害原則」可謂一個極其簡明的原則，只要我們不傷害他人，我們就有自由做任何事，別人和政府都沒有權干涉。但不傷害甚麼呢？主要就是基本權利保障的東西：「生命（包括身體）、自由和財產」。舉個例，雖然我有言論自由，但不可以在人多擠迫的地方隨便大叫「火燭」，因為會造成混亂，導致傷亡。

若將自由主義看成是道德理論，那不傷害原則正正是基本的道德原則；然而，不傷害原則只能說明那些消極的道德規則，如「不應傷害人」，卻不能說明積極的道德規則，如「應幫助有需要的人」。也可以說，不傷害原則只能提供最低度的道德，亦即是道德的底線。

彌爾認為不傷害原則不但容易理解，也易於遵守。可是，不傷害原則本身也存在不少灰色地帶。比如不傷害的對象包括他人的心靈和名譽嗎？侮辱、騷擾及冒犯又如何呢？例如用粗言穢語罵人有冒犯性，那需要禁止嗎？而是否感到被冒犯，很大程度取決於當事人的心態，主觀性較強。

我認為，不傷害原則作為道德的底線，也是法律的依據，但應該加以修改，除了不傷害他人的身體、財物和自由之外，亦應包含嚴重的冒犯性行為，例如侮辱和騷擾；當然，如何劃界就要視乎具體的情況。至於只是傷害或很有可能傷害自己的行為，又是否需要立法禁止呢？也要視乎具體情況，考慮相關的因素。例如法例規定乘坐私家車要佩戴安全帶，那是為了保障乘客的生命，同時限制了乘客的自由；但這種限制是合理的，因為若發生交通意外，不佩戴安全帶導致傷亡的機會很高，而所限制的自由只是很少和短暫的。另外，很多表面上只造成個人傷害的行為，其實也會間接傷害其家人，甚至影響社會，比如吸毒，既會傷害家庭，政府也要耗用公帑解決由此衍生的社會問題。

太強調自由的話，可能就會忽略了平等。在自由經濟的社會，貧富懸殊的不平等問題都很嚴重，而糾正自由主義這種偏差的，就是第三位對自由主義有重大貢獻的哲學家羅爾斯（John Rawls）。羅爾斯關心甚麼的正義原則才是合乎道德？他採用契約論的立場，得出了正義的兩個原則。關於羅爾斯如何得出這兩個原則，會在〈誰的正義〉（P.117）那一篇再討論。

正義的第一個原則是每一個人都擁有相同和最大的自由權利，稱為「最大均等自由原則」。第二個原則是經濟和社會利益的不平等分配要符合兩個條件，第一個條件是要對社會上處境最差的人有利，稱為「差異原則」；第二個條件是所附隨着的職位和工作是對所有人開放，稱為「機會均等原則」，包括保障教育機會的平等，「均等機會原則」和「差異原則」都有助拉近貧富的差距。如果正義的第一和第二個原則出現衝突，以第一個原則優先，因為沒有思想自由，我們就不能建立自己的目標和人生計劃。如果第二個原則的第一和第二個條件有衝突，以第二個條件優先，即我們不可以為了幫助社會上處境最差的人而犧牲機會平等。

自由主義三巨擘

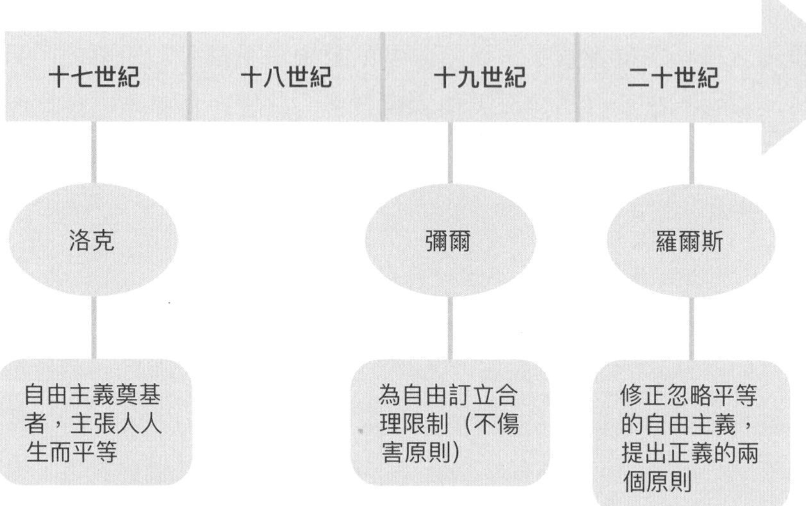

十七世紀
十八世紀
十九世紀
二十世紀
洛克
彌爾
羅爾斯
自由主義奠基者，主張人人生而平等
為自由訂立合理限制（不傷害原則）
修正忽略平等的自由主義，提出正義的兩個原則

14 權利至上

人權是二十世紀的重要思想，其根源可以追溯到十七世紀的英國哲學家、自由主義奠基者洛克，他也被奉為人權的鼻祖。我認為完整的權利理論必須回答三個問題：第一個是權利的意思，第二個是人擁有甚麼權利，第三個是為甚麼我們會擁有這些權利。

第一個問題比較簡單，純粹是定義上的問題。權利是一種「合理的索取」，擁有權利的是索取的一方，被索取的一方就必須有某種義務；由此可見，違反權利就是不道德的。在這個意義下，權利也有兩種解釋，一種是「消極權利」，另一種是「積極權利」。如果我擁有某種消極權利，則所有人有義務對我不做某些行為；如果我擁有某種積極權利，則有人有義務對我做某些行為，積極權利中的義務只屬於某些人，但究竟是哪些人就常有爭議。一般來說，權利都含有消極的意義，至於是否包含積極的意義，就要視乎具體的權利而定。有些權利若不包含積極意義，就似乎沒有甚麼價值。例如「教育權利」，在香港，政府有責任為兒童提供受教育的機會。但有些權利則不應包含積極的意義，例如「生命權利」，如果擁有生命的積極權利，當我們有生命危險時，就有人有義務拯救我們的生命，究竟是誰呢？這往往有爭議，而且權利帶出來的是強勢義務，這樣對人的要求未免太高了。

第二和第三個問題有密切關係，因為我們擁有甚麼權利，某程度取決於權利的理據，即為甚麼我們擁有權利，不同的理據可以得出不同的權利內容。即使是相同的理據，權利的內容也可以有差異。就以洛克的主張為例，他講的三種基本權利分別是「生命、自由和財產」，那是上帝賦與的；而在《美國獨立宣言》中，同樣由上帝賦與的三種基本權利為「生命、自由和追求幸福」，最後一個跟洛克不同。在聯合國《世界人權宣言》中，人權已經倍增，大致可以分為兩組，一組是政治及公民權，其中安全權和自由權就是洛克所講的三種基本權利及其延伸，例如安全權就包括了生命權（第三條）、不被奴役權（第四條）、不被施以非人道刑訊權（第五條）、充分受法律保障及公正審訊權（第六至十一條）。另一組是福利權（第二十二至二十七條），其源自社會主義，包括醫療、教育、職業、住屋等權利。不過，除了教育權利之外，我認為人應該憑自己的努力去爭取社會利益，所以不宜將「福利」視為人權。

洛克用上帝的旨意來證立基本權利，對於非教徒來說，似乎有欠說服力。後來啟蒙運動的哲學家為了擺脫權利的宗教色彩，代之以自然權利，意思是基本權利是與生俱來的，不是上帝、也不是國家所給予，法國大革命的《人權和公民權宣言》就採用了自然權利這個稱呼。

說「權利是與生俱來」，就是將此看成事實判斷，但「人有基本權利」的真正意思是「人應該擁有基本權利」，是價值判斷，沒有任何經驗證據證明它是真或假，我們必須提出理由來支持或反對，它本身並非不證自明的。馬克思和邊沁都批評自然權利的說法，邊沁就認為沒有先於法律存在的任何權利。彌爾則嘗試用效益原則來證立權利，即擁有權利能為最大多數人帶來最大的快樂。在聯合國《世界人權宣言》中，已沒有使用自然權利這個名稱，改以「人權」稱之，其根據就是人的尊嚴（可將《世界人權宣言》第一條解釋為這個意思），人權正是尊嚴得到保障的必要的條件。

權利的根據在二十世紀還繼續引起爭論，屬於偏左的自由主義者羅爾斯主張契約主義，在原初境況中（〈誰的正義〉（P.117）這一篇會詳細討論羅爾斯的理論），大家都一致同意所有人擁有相同且最大程度的自由權利，至於具體擁有甚麼權利，是在立法時才確定的。跟羅爾斯打對台的是極端的自由主義者諾齊克（Robert Nozick），他主張自然權利的說法。而在洛克講的三種基本權利中，最具爭議性的還是財產權利，主要問題是我們如何擁有一些原本不屬於任何人的東西。例如一塊土地，洛克認為如果有人在土地上開墾耕種，令土地增值，就有權擁有這塊土地，但有附帶條件，就是「要留下足夠一樣好的東西給他人」；這個條件在人口相對稀少的社會還可以做到，但在今天已很難滿足，於是諾齊克修改為「不會令其他人的處境更差」。比如說資本家在土地上建工廠，僱用工人，創造就業的機會。諾齊克認同洛克，私有產權是我們的基本權利，神聖不可侵犯；但羅爾斯所講的財產權是有限制的，不包括繼承權、擁有生產資料和自然資源的權利，以及分享對生產資料和自然資源的集體控制權。

我認為權利其實是一種發明，目的是用來保障重要的道德價值。我同意洛克講的三種權利有普遍的重要性，至於其他權利則視乎社會的發展而定，以教育權利為例，在現代社會才變得重要。以權利來建立道德理論有一個先天的缺陷，就是它只能證立消極的道德規則如「不應殺人」，無法證立積極的道德規則如「應幫助他人」，這是因為權利帶出來的是強勢義務，如果我們不遵守的話，那就是極不道德，甚至很有可能犯法，試想假如人有「被幫助的權利」會衍生甚麼後果。

人權的證立問題

<table>
<tr><td rowspan="2">1. 何謂權利？</td><td rowspan="2">權利是一種「合理的索取」</td><td>消極權利：所有人有義務對我不做某些行為</td></tr>
<tr><td>積極權利：有人有義務對我做某些行為</td></tr>
<tr><td rowspan="3">2. 人擁有甚麼權利？</td><td colspan="2">洛克：生命、自由和財產</td></tr>
<tr><td colspan="2">《美國獨立宣言》：生命、自由和追求幸福</td></tr>
<tr><td colspan="2">《世界人權宣言》：政治及公民權、福利權</td></tr>
<tr><td rowspan="6">3. 人為何擁有這些權利？</td><td colspan="2">洛克：上帝賦予</td></tr>
<tr><td colspan="2">彌爾：效益原則</td></tr>
<tr><td colspan="2">羅爾斯：在原初境況中得到大家一致同意</td></tr>
<tr><td colspan="2">《美國獨立宣言》：造物者賦予</td></tr>
<tr><td colspan="2">法國大革命：與生俱來</td></tr>
<tr><td colspan="2">《世界人權宣言》：保障人的尊嚴</td></tr>
</table>

15 / 社群反擊

身為日本人，你要為二次大戰造成的傷害道歉。

那時我還未出生，跟我有甚麼關係？

中國人

日本人

日本人就是死不認錯！

為甚麼我要為沒有做過的事負責？

中國人

日本人

自由主義可謂現代西方社會的主流思想，雖然一直受馬克思主義（Marxism）的批評，但至今仍屹立不倒。不過，自上世紀八十年代起，自由主義要面對社群主義（Communitarianism）的挑戰，例如美國哲學家桑德爾（Michael Sandel）所著的《自由主義與正義的局限》就是針對羅爾斯的《正義論》。社群主義只是一個統稱，除了桑德爾之外，代表人物還有麥肯泰爾（Alasdair MacIntyre）、泰勒（Charles Taylor）及沃爾澤（Michael Walzer）等哲學家。社群主義主要從捍衛社群價值的角度來批評自由主義，但它不是要取代自由主義，而是修正自由主義對個人和社會的看法，正如上引桑德爾的著作是指出「自由主義式正義」的局限。

簡單來說，社群主義對自由主義的批評有三方面。第一是「自我」，社群主義認為自由主義弄錯了個人和社群的關係。洛克所設想的自然狀態預設了人的「自我」可獨立於社會，將「自我」和「目標」分離，每個人都有自由去選擇自己的人生目標，將自我化約成只有選擇的能力，目標並不是構成自我的要素。

從社群主義的角度看，人其實是社會化的產物，人的喜好和價值都受社會影響，桑德爾稱自由主義式的「自我」為沒有負荷的自我。麥肯泰爾在著作《德性之後》中形容，人生就是一個敘事之旅，要回答「我要做甚麼？」之前，就要先回答「在故事中我是甚麼角色？」人生雖然有目的性，但仍然有其不可預測性，而敘事則離不開社群歸屬；人生固然需要作選擇，但這不是意志的獨立行動，而是故事的一部分。敘事的說法跟自由主義是不相容的，從自由主義的視角，「自我」只是自我選擇的結果；但麥肯泰爾指出，以為自我可以從所屬社會和歷史角色中分割出來，只不過是一種膚淺之見。

第二是「價值」，社群主義認為，自由主義令社會欠缺共同價值。羅爾斯主張自我先於人生目標，價值或良善的人生只是人的主觀選擇，正義也先於價值；若肯定某種特定價值，例如宗教，就有可能將某些價值強加於他人，損害人的自由。從社群主義的視角，自由主義將社會看成是實現其人生目標的工具，這只能成就個體的價值，惟社群價值如友誼和家庭就很難充分實現，若沒有共同的價值，就算不上是理想的人生及理想社會。如果共同價值成立的話，就有可能要對人的自由作出更多的限制。舉個例，在自由經濟下，貧富懸殊問題已經愈來愈嚴重，甚至影響社會穩定和人民團結；那麼，為了維繫共同價值，就有需要限制人的自由，對財富作出重新分配。我認為，社群主義是對自由主義過於重視個體權利的修正；不過，有些權利實在太重要了，不應被任何社群價值所淩駕。

第三是「責任」，社群主義認為自由主義忽略了某些責任。從自由主義的角度看，人只需要為個人的自願行為負上責任，正如文首的漫畫故事，有日本人就認為不需要為二戰時的日軍暴行道歉。這樣的例子很多，例如有美國人也認為美國不應該對黑人的後代作出賠償，因為現代的美國人沒有蓄養黑奴，為甚麼要為前幾代人做過的錯事付出代價呢？但社群主義指出，人一出生就處於特定的社群，擁有特定的身份，也必須為他所屬的社群負上責任，如對家人的義務、愛國心、國民之間的團結、為國家不義所負的集體責任等，這些責任都不是源自我們自由意志的選擇，也可以說是加諸於我們。

以上三方面的批評並非各自獨立，而是關聯在一起的。自我跟身份認同有着密切的關係，例如我會認同自己是香港人，當在外地旅行時碰到香港人自然會感到親切，但遇到大聲喧嘩的香港人也會以之為恥。自由主義就很難解釋這類社群的價值，比如團結和歸屬感。而源於這類社群價值的道德責任，如忠誠，就跟個人的自主行為無關。

我同意社群具有塑造人生目的之功能，因為我們的身份跟身處的社群有關，我們的成長也離不開與社群的互動。不過，太強調社群價值可能會流於相對主義，因為不同社群的價值可能有很大差異，比如古希臘城邦的社群價值就跟中國傳統的小農社會截然不同。太重視社群價值也可能會過於保守，欠缺反省，例如亞里士多德就無視奴隸制度的問題（亞里士多德的理論也可以歸類為社群主義）。此外，自由權利反映的是普世價值，跟特定社群的價值觀可能產生衝突，例如伊斯蘭社會對婦女衣着的要求。

從自由主義的角度看，法律和政治上的爭議必須在道德上保持中立，不容任何良善人生觀念所干預，否則就會妨礙公正。不過，其實很多議題都牽涉到宗教，比如說墮胎，這跟人的生命在何時開始有關；我認為，保持中立並不表示要放下宗教的立場，或將宗教排除於討論之外。

自由主義 VS 社群主義

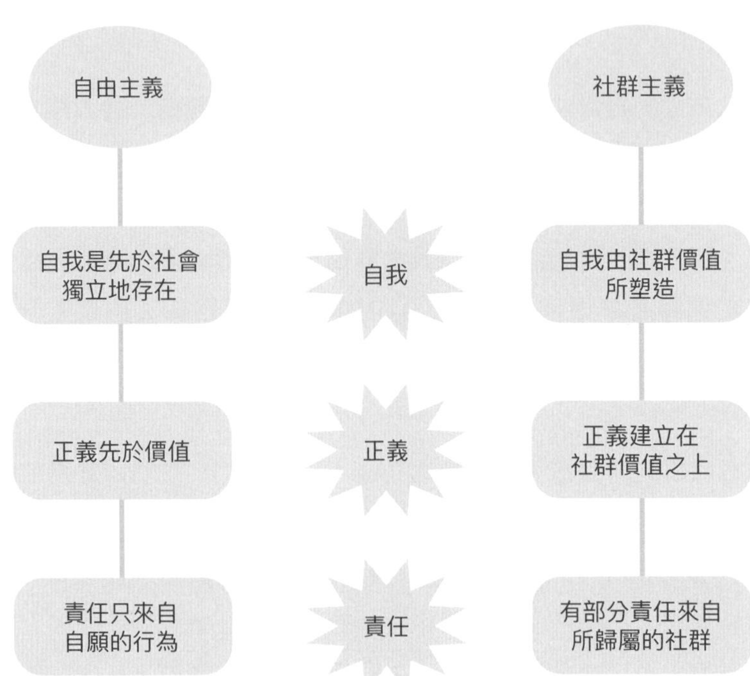

自由主義
社群主義
自我是先於社會
獨立地存在
自我
自我由社群價值
所塑造
正義先於價值
正義
正義建立在
社群價值之上
責任只來自
自願的行為
責任
有部分責任來自
所歸屬的社群

16 平等迷思

請給學校登廣告，我們要招請女廁的清潔工，並寫明只招請女性。
校長

這樣寫好像是性別歧視！
教師

難道可以讓男人清潔女廁嗎？
校長

法國大革命的口號是「自由、平等、博愛」，如果說追求「自由」推動了現代社會的發展，產生了資本主義的自由經濟的話；那麼二十世紀開始，就輪到「平等」登上歷史的舞台，馬克思主義針對的是自由經濟帶來的階級不平等和貧富懸殊，在這裏，自由和平等存在着衝突，而馬克思主義明顯是重視平等多過自由。現在我們經常談的歧視問題就跟平等有關，不平等的對待往往就是歧視。階級不平等不單止貧富的差距，還關連到文化和社會的差距，產生階級延續問題，將不平等延續到下一代，造成惡性循環，正所謂「貧者愈貧，富者愈富」。

除了階級不平等之外，我們還有性別不平等和種族不平等的問題。性別不平等有着悠久的歷史，那是男性壓制女性，例如只有男性擁有財產權和繼承權。《聖經》說女性是用男性的肋骨所造成，那當然是神話，但其象徵意義正是女性不能獨立自主，必須依靠男性。亞里士多德就將女性看成是未成長的人，跟兒童相若，缺乏理性又情緒化；孔子也說過「唯女子與小人為難養也」，將女性跟小人等量齊觀。柏拉圖是少數沒有歧視女性的哲學家，他認為女性經過合適的教育和訓練後，也能擔任統治者。

過往女性的能力比男性低雖然是事實，但這其實是社會化的結果；女性並不是先天就比男性差，只不過在男性主導的社會，女性缺乏學習和工作的機會罷了。直到十九世紀，邊沁和彌爾對男女不平等作出批評，積極為女性爭取權益。彌爾認為，如果給予女性受教育的機會，她們的能力絕不比男性遜色；而根據效益主義，讓女性學習和工作，會帶來最大多數人的最大的快樂。他更指出一些歌頌女性的品德如「母愛」，其實是限制了女性的發展，因為她們幾乎將所有時間都花在照顧子女和家事上。想一想，傳統中國文化講的「三從四德」，不也是限制着女性的發展嗎？現在西方的先進社會，女性不但擁有受教育和工作的機會，更爭取到跟男性同等的權利，例如選舉權和投票權，男女在權利和機會上可以說是平等，不少國家更有女性出任首相或總統。

可是，有人仍舊認為男女不平等，女性受到歧視、男性壓制女性的文化還是存在。例如家務必須由女性來負責，要同時兼顧工作和家庭，這樣往往令女性的工作表現比男性差；而大眾文化和次文化也潛伏着很多歧視女性的意識型態。馬克思主義者甚至認為，男性歧視女性是源於財產私有制，只有改變現在的政治經濟結構才可解決所有不平等的問題。

至於種族不平等，最有代表性的例子就是過往美國白人歧視黑人，由林肯廢除黑奴，到馬丁路德金的平權運動，情況雖然改善了不少，但歧視黑人的文化仍然存在，而黑人也多處於社會的低下階層。種族歧視的最惡劣情況就是種族清洗，例如納粹黨認為雅利安人為優秀的種族，屠殺了六百萬猶太人。如何處理種族的差異呢？有人主張建立自治區，避免接觸，減少衝突；有人主張種族融合，互相取長補短；亦有人主張多元並存，互相尊重，平等對待。

但怎樣才算是平等對待呢？是否只有給予相同待遇就是平等對待？其實有時不一樣的對待才算是平等。例如在商場內，通常會有特設給傷殘人士使用的廁所，而健全人士的數量其實遠多於傷殘人士，在廁所的分配上是不合乎比例的，我們反而會認為這樣才算是平等對待。也可以說，平等原則有兩部分，第一部分是「一般來說，我們對待人要一樣」，第二部分是「有時要有不同的對待，因為兩者存在着差異，這差異足以證立不同的對待」。回到上述例子，「傷殘」就是兩者的差異，這差異足以證立對傷殘和健全人士的不同對待。至於漫畫中的例子，可以幫校長找一個差異來證立對男性和女性的不同對待，所以招女不招男嗎？

有人認為，所謂差異必須是先天的，不是社會化的後果，而且跟不同的對待有相干性。但當我們將這個原則應用到日常生活時，就會出現不少爭議，關鍵在於差異是否足以證立不同的對待。有時這個差異屬於整體，不是個體的，例如女性照顧小孩的能力高於男性；但如果我們憑此就拒絕一位男性當幼稚園教師，對他是不公平的，因為他這方面的能力有可能高於一般女性。過往美國對黑人的歧視造成很大的不公平，使這個種族一直處於較低的社會經濟位置，為了補償，於是有人建議大學預留一些學位給黑人學生，即使他們的成績未達標。但問題是，能否入讀大學應該根據成績或學歷，跟種族或性別無關；而且優待黑人就等於反過來歧視白人，通常黑人學生的退學率較白人高，其中一個原因是他們根本不具備入讀大學的能力，所以這種優待性補償存在很大的爭議。

平等原則在應用上的爭議

差異屬於整體，不是個體	男性的體力一般強於女性，所以拒絕讓女性負責勞動工作，這是性別歧視嗎？
差異是否足以證立不同的對待	在小六階段，女生的腦部發展比男生成熟，考試成績也較好，所以升中時 Band 1 學校要預留學位給男生，這對女生公平嗎？
優待性補償	由於過往對黑人的歧視，令他們處於低下階層，為了補償，所以大學要預留學位給黑人學生，優待黑人不就是對白人不公平嗎？

17

道德契約

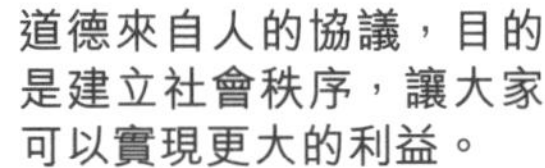
道德來自人的協議，目的是建立社會秩序，讓大家可以實現更大的利益。

協議書
契約主義者

反契約主義者

如果道德只是實現個人利益的工具，為甚麼我們會讚賞那些捨己為人的行為呢？
協議書
契約主義者

反契約主義者

在〈理論比拼〉（P.19）那一篇中，我們提出了四類道德理論，而契約主義可以看成是一種特殊的後果論，所謂「道德」不過是一組大家共同協議要遵守的規則，目的就是建立社會秩序，讓大家安心地追求各自的利益。

契約主義中以霍布斯（Thomas Hobbes）的理論最有代表性，他是十六世紀的英國哲學家，比洛克稍早，代表作是《利維坦》（*Leviathan*）。霍布斯是自然主義者，認為人是受慾望所驅使，雖然慾望的滿足會帶來快樂，但有別於功利主義，他不以「快樂」來定義道德，道德的功能只是用來解決各人慾望之間的衝突。但道德如何建立呢？霍布斯設想未有國家或社會之前的狀況為「自然狀態」，在自然狀態中，固然沒有道德或法律，人只是依根據慾望行事，為了爭奪有限的資源，人就會處於各自為敵的戰爭狀態（要注意的是，對於自然狀態的想像還有別的可能性，洛克和盧梭的設想就跟霍布斯很不同）。在這種狀態下，人只能活在恐懼、孤獨、貧困的原始狀態之中。由於人有理性，會思考找出滿足慾望的最好方法，為了擺脫對所有人都不利的自然狀態，實現更多的慾望，獲得長遠的利益，人必須互相合作，建立社會，遵守某些規則，這就是道德。也可以說，道德是手段，目的就是為了個人利益；所以，霍布斯的道德理論也可歸類為利己主義。

霍布斯、洛克和盧梭的契約論

三位哲學家的契約論都是用來證立政府權力的正當性；但霍布斯的理論有點特別，是同時用來證立道德的。

哲學家	自然狀態	政治制度
霍布斯	是一個混亂的戰爭狀態，每個人都與其他人為敵。	為了離開自然狀態，大家都放棄權利，立約建立一個獨裁的政府，藉懲罰來令人遵守秩序。
洛克	雖然沒有政府和法律，但道德已經存在，人能夠互相合作。	建立政府的目的是讓它保障我們的基本權利。
盧梭	人是獨居的，但會為其他人展示憐憫。	成立政府的目的是為了保障婚姻和財產制度。

為了離開自然狀態，霍布斯認為人會訂立 19 條自然法，以頭三條最重要。第一條自然法的要點是人應該努力達致和平，因為只有在和平的環境下，人才可免受暴力傷害；第二條自然法說明為了達致和平，人會協議放棄為所欲為的自由；第三條自然法說明人必須遵守訂定的契約，這就是道德的基礎。隨後的自然法主要是一些具體的道德規則，例如第四條是「不要以怨報德」，第六條是「要寬恕悔改者」，第八條是「不要輕視人或仇恨人」。而成立國家的目的就是要懲罰犯規者，因為沒有制裁的話，契約就沒有實質意義。

霍布斯對人性的看法有點像荀子。荀子說：「人生而有欲，欲而不得，則不能無求；求而無度量分界，則不能不爭；爭則亂，亂則窮。

先王惡其亂也，故制禮義以分之，以養人之欲，給人之求。」若人順着慾望本能的滿足而行事，不加以節制，就會引發爭奪，最後導致混亂和陷困。要防止這種現象，就需要禮，即行為的規範或道德；禮是聖人創造出來釐定尊卑貴賤，再據此分配有限的資源，節制人的慾望。霍布斯跟荀子之說，分別在於道德的來源，前者是人協議產生出來，後者則是由聖人所定。

從霍布斯的角度看，道德的功能就是維持社會的秩序，在沒有道德規範的自然狀態，就只有互相爭奪和殺害；有了道德規範，大家就可在安全的環境下互相合作，實現個人的更大利益。問題是，如果道德只是一種協議，真正目標是自利的話；那麼當我們違反道德可以獲得更大的利益，又確保沒有被人發現的話，我們為甚麼還要遵守道德呢？也許有人會說壞事做得愈多，被揭發的機會也愈大，正所謂「上得山多終遇虎」，做壞事而期望不會被發現只是一種僥倖的心態。不過，如果道德真的只是一種實現個人利益的工具，就不能解釋那些捨己為人的行為，我們也不會讚賞這些行為。由此可見，道德除了維持社會秩序之外，還有更積極的意義，例如彰顯人的自主性，有自強的意義。可是，契約論也有一個好處，就是其靈活性，避免了道德的極端主義。若道德只是一種協議，道德規則就不會一成不變，而可隨着環境轉變而更改規則，令大家生活得更好。

除了霍布斯之外，羅爾斯的正義理論也屬於「契約主義」，不同的是，羅爾斯多了純粹程序的公正，凡是透過這個程序得出來的結果都有正當性，在〈誰的正義〉（P.117）這一篇會簡述該程序。

18 德性回歸

正如〈理論比拼〉（P.19）那篇所講，古代倫理學以德性論為主，現代倫理學則多是規條論，為甚麼會有這樣的轉變呢？這跟啟蒙運動有很大的關係。啟蒙運動的要旨是大膽運用我們的理性，擺脫宗教的枷鎖，帶來社會的進步，現代科學的出現正是啟蒙運動的成果。於是在倫理學方面，哲學家也希望運用人的理性，找出基本的道德定律，用來說明具體的道德規則，就好像科學家找出自然現象背後的原理和定律一樣，效益原則、定言律令和不傷害原則都是這種思潮之下的產物。但麥肯泰爾在《德性之後》一書指出，啟蒙運動希望以理性來證立道德是失敗的，現在我們正處於一個道德大混亂的時代，他批評了道德的直覺主義、情緒主義及效益主義等，主張回歸到亞里士多德的德性倫理學傳統。

簡單介紹一下亞里士多德的倫理學，亞里士多德認為，一件事物的目的就在於實現其功能。例如醫療的目的是為了健康，法律的目的是為了正義，人生的目的又是甚麼呢？甚麼才是人的功能呢？亞里士多德主張人的最高級功能是理性，理性正是人的本質，人生的目的就是充分發揮理性的能力，實現人的本質；而充分實現理性就是過着理智的生活，成就德性。

阿里士多德認為人有兩種主要德性，一種是知的德性，另一種是品格的德性。前者是理性的直接實現，例如智慧；後者是人的非理性部分如情感、慾望和意志等服從理性指引。我們的理性會提出「適中」為標準，即無過和不及，例如魯莽為過，懦弱為不及，勇敢才是適中。亞里士多德的「適中說」跟儒家的「中庸之道」和佛陀的「中道」頗為相似，就是不走極端，沒有過度或不及；例如佛陀認為享樂和苦行都不妥當，應該採取節制的生活。

德性倫理學的主要問題是「我要成為一個怎樣的人？」我想大部人會答「成為幸福的人」，當然，幸福的內容因人而異，對德性倫理學來說，真正的幸福就是擁有德性，也就是人的理想狀態。至於規條倫理學的主要問題是「我要做甚麼？」或「我該遵守甚麼規則？」效益主義和康德倫理學都分別主張終極的道德定律，用來說明一般的道德規則，故規條倫理學所重視的德性，就只能化約為服從規則的德性。

我認為德性倫理學比規條倫理學優勝，德性才是倫理學的中心，主要有四個理由：

- 第一，規條倫理學只着重服從一些規則，但在日常生活中，其實有很多道德上的灰色地帶，很難說遵守某一條規則才是正確，有時「怎樣做」比「做甚麼」更為重要；德性倫理學重視的則是品德，培養品德需要練習，人自然就懂得怎麼做，其實規則的應用也需要實踐，德性有助於我們培養判斷力。

- 第二，比起「我要遵守甚麼規則」，「我要成為一個怎樣的人」更能提供動力，令人在道德上努力前進，因為人會關心自己生命的質素，德性倫理學能顯示出道德對個人的好處；對於規條主義者來說，這還會導致「理由」和「動機」的分裂，例如本篇漫畫中來探病的康德主義者，只是為盡朋友的義務。

■ 第三，德性能解釋規則，但規則不能解釋德性。例如一個仁慈的人，一般都不會違反「不應殺人」這條規則；但一個不違反該規則的人，未必就是一個仁慈的人。

■ 第四，強調道德規則，忽略德性的培養，只會令人感到道德的強制性，反而不利於道德教育。

除了亞里士多德之外，我們還有其他德性倫理學。例如儒家思想，正如《大學》所言「自天子以至於庶人，壹是皆以修身為本」，修身就是德性的培養。那麼，為甚麼一定要回到亞里士多德的傳統倫理學呢？特別是亞里士多德的「目的論宇宙觀」跟現代科學的「機械式宇宙觀」是不相容的。有人更會說西方應回歸亞里士多德的傳統，中國應回歸儒家的傳統。

我們不可能在這裏詳細討論這方面的問題，只能簡述一下這些德性論的差異，其中一個特點就是不同的德性論會強調不同德性的組合。柏拉圖強調四大德性：智慧、勇敢、節制、正義，並以追求真善美為理想人生，跟儒家相比，偏向個人主義；孟子所講的四大德性：仁、義、禮、智，跟人倫關係密切，理想人物為聖人；老子追求的是「真人」，擁有慈、儉、不爭等德性；基督教的理想人物為聖徒，擁有信、望、愛三大德性；反對基督教的尼采則推崇超人，擁有勇敢、孤獨、真誠、獨立等德性。德性之間有主從或輕重的差別嗎？我認為是有的，但也難以在這裏詳談，只可簡單說明。就以亞里士多德講的勇敢為例，其實可以看成是堅定和謹慎兩種德性的綜合，是一種更高價值的德性，而堅定、謹慎則分別是懦弱、魯莽的反面。

德性倫理學還有一個特點，就是有一個審美的向度，人生就像是一件創作，我們用品德來塑造自己的人生。但這種自我塑造的能力可能被高估，因為品德的培養是從小就開始，並且有賴傳統和權威，通常是保守的；人長大之後才會有批判反省的能力，惟性格早已定形，我們真的可以自覺地培養適合自己人生目的的品德嗎？

怎樣看待人生目的？

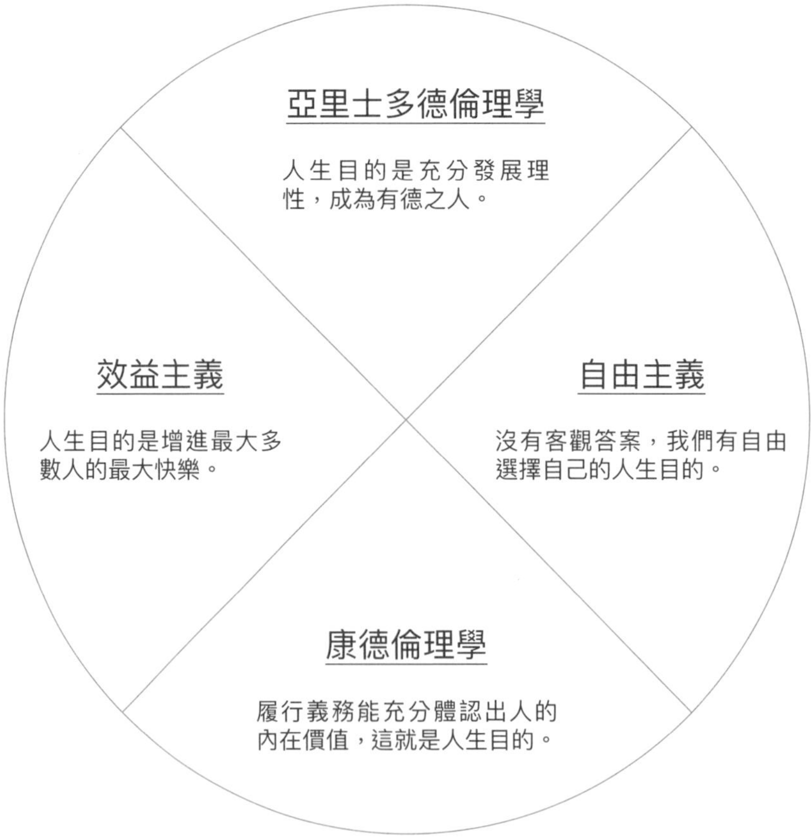

亞里士多德倫理學

人生目的是充分發展理性，成為有德之人。

效益主義

人生目的是增進最大多數人的最大快樂。

自由主義

沒有客觀答案，我們有自由選擇自己的人生目的。

康德倫理學

履行義務能充分體認出人的內在價值，這就是人生目的。

19 內聖外王

人的本性自然樸實，禮只會束縛人的本性！
道家信徒
儒家學者

你錯了，仁義才是人的真實本性，仁是愛心，義是責任，仁義需要表達，所以才會有禮的出現。
道家信徒
儒家學者

雖然「內聖外王」這句話出自道家的莊子，卻十分適合用來形容儒家學說，內聖是道德修養，外王則是政治秩序井然。儒家學說的奠基人是孔子，而孔子的思想是要回應春秋時期的亂局，為了重建「周禮」（簡單來說，禮就是當時的行為規範），他提出了「仁」的觀念，作為禮的根源。禮是仁的外在表現，正所謂「人而不仁，如禮何」，沒有仁，禮只是徒具形式。

但甚麼是仁呢？在《論語》中，「仁」這個字出現的次數很多，但每次皆有不同的意思。有時可以把仁看成是一種品德，即仁慈；有時又可以指稱整全的品德（即包含所有品德），孔子的理想人物是君子，即擁有品德的人。而在孔子回答「甚麼是仁」的說話中，有三個比較重要，可視之為仁的三個主要面向，分別是「愛人」、「敬」及「己所不欲，勿施於人」。

儒家所講的愛之中，最重要的當然就是對父母的愛，即是孝。所謂「百行以孝為先」；「先」有兩個意思，一個是重要性，即孝是最優先的價值；另一個是時間上的先，即最早發展出來的品德就是「孝」。至於儒家所講的敬，是指以一種誠懇的態度去做人處事，無論面對甚麼人，都應尊重，跟康德所講的尊重原則有相似之處。而「己所不欲，勿施於人」就是恕，即是推己及人，這是判斷行為對錯的標準。例如自己不想被人傷害，也不應該傷害別人。總括而言，「愛」為道德提供動力，「敬」是待人的態度，「恕」則是實踐道德的方法。有了道德修養，就要去從政，把國家治理好。正如《大學》的八條目「格物、致知、誠意、正心、修身、齊家、治國、平天下」，前五個屬於「內聖」，後三個就是「外王」，由此可見，內聖是外王的必要和充分條件，有了道德，政治自然就會上軌道。

由於受到孟子「性善論」的影響，今天我們大多會將仁看作人的本性，但其實孔子並未明確說明人性是甚麼。若將仁看成是人的本性，那就是「道德自覺心」，自覺到要追求正當；用現代的哲學術語講，仁就是道德主體，每一個人都是道德主體，都具有分辨是非善惡及行善去惡的能力。孟子用「孺子將入於井」這個例子來證明仁心的存在。當我們看見小孩將墮入井之際，就會生起惻隱之心，不忍心這件事發生，並不是要得到他人的讚賞，也不是為了結交小孩的父母，更不是憎惡小孩的呼喊聲，在這種情況下，我們就能體驗到不關乎個人苦樂和利害的惻隱之心。而羞恥之心、辭讓之心和是非之心都是惻隱之心的不同表現，孟子稱之為「四端」。

如何提升這種向善的本性呢？孟子主張「養心」，這就是孟子的工夫論。養心就是保持此道德自覺心不受私欲所蒙蔽，孟子講的「求其放心」[1]就是要將走失的本心找回來。不但要養心，還要將心擴充，四端必須擴充才能成就「仁、義、禮、智」這四種德性；所謂「老吾老以及人之老，幼吾幼以及人之幼」，就是將心擴充，將愛推廣出去。將心擴充有兩個方法，一個是「養氣」，氣是人的自然生命，也是力量的泉源，如果人能夠心志堅定，就可帶動氣，產生力量，養氣就是將這股自然之氣，轉化為孟子講的「浩然之氣」。另一個方法是「知言」，意思是善於分析別人的言論，對不合理的言辭（詖辭、淫辭、邪辭、遁辭）加以批判，指出其錯誤之處（蔽、

1　《孟子．告子章句上》：「學問之道無他，求其放心而已矣。」

陷、離、窮），由知言以正心。孟子的養氣論對後來宋明儒學的修行方法帶來很大影響。

儒家思想跟西方倫理學有一個很明顯的差異，就是西方經常討論某些行為是否合乎道德，例如安樂死和墮胎等。但從儒家的角度出發，甚麼是道德或不道德十分明確，因為人人都能分辨善惡，這是人的本性，是先天的；用通俗的說法，就是人人都有良知，所以重點是「行」，即如何實踐，這就是為甚麼儒家這麼重視工夫論，即是道德修行的方法。

如果說孟子發揮了孔子「仁」的觀念，那麼，荀子就是重視「禮」的觀念。不過，荀子的禮跟孔子也有明顯分別。荀子着眼於「防止惡」，所以他講的禮有強制性；而孔子則着重人的自覺性，所謂「克己復禮」，就是強調人的自律性。另外，荀子重視禮的制度意義，而孔子則較強調周禮的內容。相對於孟子的「知言養氣」，荀子講的是「虛壹而靜」的修養工夫，目的是培養心的清明，提升其專注和判斷的能力。

我認為儒家能講出道德的精要，那就是自主性，由自己主宰。比如說我要追求名利財富，即使很努力，卻不是我能完全主宰的，因為有很多外在因素影響；但道德實踐就不同，當然也會遇上困難，不過這些困難都是內在的，如人的慾望或意志，原則上人可以憑自己的努力去克服。

《四書》與儒家思想的建立

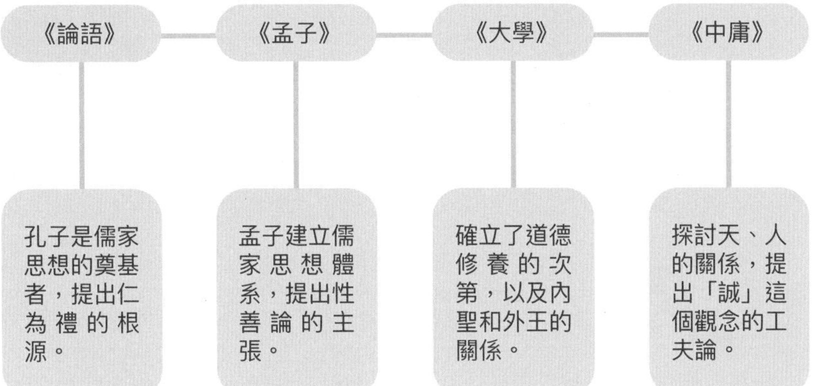
《論語》
《孟子》
《大學》
《中庸》
孔子是儒家思想的奠基者，提出仁為禮的根源。
孟子建立儒家思想體系，提出性善論的主張。
確立了道德修養的次第，以及內聖和外王的關係。
探討天、人的關係，提出「誠」這個觀念的工夫論。

20 天人合一

莊子
天地與我並生，萬物與我合一，這就是天人合一！
孟子
不，應該追求天人合德！
荀子
天人是相分的，不可以合一！
董仲舒
是天人相應才對！
學生
究竟甚麼是天？

除了「內聖外王」之外，儒家另一個重要主張就是「天人合一」，簡單來說，那是通過道德修養，體驗超越的天道，正如孟子所說：「盡其心者，知其性也，知其性，則知天矣。」將心擴充就可知道人的本性，知道人的本性就可知道天道，天道即萬物的本源。孟子還描繪出道德修養的六個層次：

善：	信：	美：	大：	聖：	神：
內心追求義理	在自己身上實踐義理	人格的充分展現	發出人格光輝照耀別人	感化別人	聖到不可思議

我認為，聖和神都達到天道的層次。天人關係在《中庸》一書有詳細的說明，《中庸》為儒家提供本體論和宇宙論的思想，交待了人性的來源，以及提出「誠」這個觀念的工夫論，而《中庸》的獨特之處正是以誠來貫穿儒家思想：「誠者，天之道也；誠之者，人之道也。」這段話中的第一個誠是指真實，意思是天道是真實的；第二個誠是指修養工夫，意即「實踐誠」是做人的正確之道。由此可見，誠可以貫通天人，達致天人合一。

具體上，誠是修養的工夫，除了「不欺人」之外，更重要的是「不自欺」，這才可以認識真實的自己，明白向善的本性，也能認知自己品德上的缺點和不足，作出改進。但如何做到真誠、不自欺呢？那就需要「博學之，審問之，慎思之，明辨之，篤行之」，博學即是廣泛學習，審問是深入研究，慎思是認真思考，明辨是分辨清楚，篤行則是堅持實踐，「學，問，思，辨」四者都屬於「知」的工夫，加上「篤行」，就是「知行合一」。

「天人合一」的重點是通過道德實踐，達致超越的層面，類似的思想也存在於西方文化，例如柏拉圖和康德的思想。柏拉圖在《理想國》一書中指出，道德跟人的利益是一致的，但他講的並不是物質方面的利益，而是指精神方面，因為道德有助於人的精神上升，追求真實——亦即是他所講的「理型世界」，最高的理型是「善」，也是「真」和「美」，柏拉圖主張人應該追求真實，在精神上從經驗世界提升至理型世界。他在《理想國》中提出「洞穴寓言」：洞穴中有一些囚犯，腳和頸都被鐵鏈鎖住，由出生起就把牆上的投影當作真實，其中一個囚犯掙脫鎖鏈走出洞穴，看見了太陽，而太陽正是「善」的象徵。要認識理型，憑的是理性，所以人應該發展自身的理性，成就智慧；也要用理性去控制意志和慾望，培養勇敢和節制。當人擁有智慧、勇敢和節制這三種德性，精神會處於和諧的狀態，那就是公正。而智慧、勇敢、節制和公正這四種德性則有助於精神的提升及追求「善」的理型，這就是理想的人生。

在〈無上命令〉（P.59）那一篇，我們已討論過康德倫理學，康德認為人的理性只能認識現象世界，不能認識現象背後的「物自身」，即本體界；科學只能研究現象界，建立有關的知識，但不能探知本體。現象界是受因果律所支配，所以人沒有真正的自由可言；但在道德實踐中，人能夠有真正的自主。對康德來說，道德實踐就是通往本體界的路徑。

對於超越的世界，不同哲學有不同的說法，儒家稱為天道，柏拉圖叫作理型世界，康德說是物自身，但對這個世界描述得最詳細的還是佛教。佛教有三界之說，分別是欲界、色界和無色界。欲界有六道，人就在六道中輪迴；色界和無色界都是天界（欲界也有天界，那是最低層次的天界），各有不同的層級。修行有成就可往天界，大抵上羅漢的果報是色界，而菩薩則是無色界；當然，佛才是最圓滿的修行，跳出三界之外。如果用基督教比擬的話，上帝就是三界之外，而各級天使就存在於不同的天界。

基督教的修行固然跟佛教不同，如果簡要地說明兩者的分別，我會說佛教的重點在於悟，而基督教則着重愛。如何達到佛教所講的悟呢？那就是八正道：「正見、正語、正業、正命、正思、正精進、正念、正定」。而基督教所講的愛可以有不同層次，第一個層次幾乎所有人都做得到，例如父母對子女的愛，至於其他層次可以借用孟子的「美、大、聖、神」來形容，最高層次的是神的愛。

表面上，悟在於己，愛則是對人，其實兩者有相通之處，不過在這裏就很難詳細討論。我只是想指出，道德修養有着宗教的面向，就是引領我們到達超越的層面，當然我無法證明超越層面的存在，只能留待大家死後各自體驗。但相信有更偉大的心靈存在，至少可使人謙卑些。

佛教八正道

對八正道有很多不同的解釋，以下我將八正道的次序稍為更改。

正見	正確的見解，如生死無常、五蘊皆空、無我等。
正語	正當地說話，如不要說謊、造謠，不說傷害他人和奉承的話等。
正業	正當的行為，去惡行善，如不可殺人、不可偷竊、不可姦淫等。
正命	從事正當的職業，如合法的經濟生活和謀生方式。
正思	正當的思想，指內心的狀態，要消滅「貪、瞋、癡」三毒。
正精進	策勵自己，努力修行，追求精神上的進步。
正念	正當的心念，即心存清淨的意念，時刻專注，覺知現實。
正定	正確的禪定，以收攝散亂的身心，培養完美的人格。

21 存在之謎

人是沒有本質的，每個人的人生意義都是由自己所創造，理性的作用僅在於認識環境，讓自己作出選擇。

正如〈神律道德〉（P.44）那一篇所講，西方的道德基礎在於上帝，當尼采說「上帝已死」時，其中一個含意就是很多西方人都失去了宗教信仰。除了尼采的批評之外，達爾文的進化論，以及唯物主義的思想，都大大動搖宗教信仰，連帶道德也出現了危機，在某種意義下，存在主義可以說是對此危機的回應。

存在主義可以分為有神論和無神論兩種，分別追溯到齊克果和尼采這兩位存在主義的先驅者。著名的有神論存在主義者為猶太神學家布伯（Martin Buber），其代表作是《我與你》（*I and Thou*）。當然，論名氣就不及法國哲學家沙特（Jean-Paul Satre），連「存在主義」也是由他命名，這裏我們主要討論沙特的觀點。

沙特通過小說令存在主義產生廣泛影響，1964 年更獲頒諾貝爾文學獎（但他並沒有領獎）。存在主義的名句「存在先於本質」也是出自沙特，這是用來反駁傳統哲學的本質主義，傳統哲學大都假定人有本質，而人生意義就是實現人的本質。例如亞里士多德將人定義為「理性的動物」，而理性就是人的本質，所以人應充分發展理性，實現人的本質；沙特則認為是人先存在，然後通過抉擇來創造自己的本質。換言之，人根本沒有本質，人生意義不是既定的，而是來自人的選擇，每個人都可以不同。

既然沒有上帝，人自然不是上帝所創造，那麼，人是從哪裏來呢？套用德國哲學家海德格（Martin Heidegger）的說法，人是孤零零地被投擲到這個世界，沒有甚麼理由可言，我們應該着眼於自己要成為怎樣的存在。即使上帝不存在，不表示人生沒有意義，意義是由人自己來決定。由於我們所做的選擇，使我們成為怎樣的人，我們就是自己的選擇所加起來的總和，這就是存在主義的人生觀，也是對於「上帝已死」的回應。

可是，沙特並沒有肯定道德價值的客觀性，只強調人在作出抉擇時，必須謹慎思考，並承擔後果，負上責任，這正好突顯出道德的自決性和自主性。沙特舉了一個例子，二戰時，法國淪陷，一位年輕人問沙特，究竟自己應去當兵，還是照顧年邁的母親；沙特認為，沒有人可以代他作決定，也不存在任何道德理論或原則幫他解決問題，他必須自己作決定並承擔後果。相對於整個西方哲學傳統，存在主義比較重視情意在人生的地位和價值。

除了自決性之外，沙特也強調道德的創造性，他在演講文本《存在主義是人文主義》中指出，道德跟藝術一樣，講求創造和發明，並不存在先驗或客觀的道德原則。但我認為，這樣將道德和藝術類比是危險的，因為在藝術上，創造本身就是目的，而藝術創作也不存在普遍的法則；道德卻不同，普遍性正是道德的要求，而且道德的價值在於指導我們的行為，令我們生活得更加好。作為一種倫理學說，存在主義其實十分薄弱，因為它並沒有肯定具體的道德原則或價值，這也是為甚麼後來沙特會轉向馬克思主義，期望政治改革可以解放受壓迫的人。在〈神律道德〉(P.44) 那一篇我們提到《歡情太暫》這部電影，活地阿倫在執導之餘，也飾演了其中一個角色 Cliff，Cliff 的精神支柱來自一位有存在主義信念的教授；但諷刺地，這位教授最後自殺而死。電影要傳達的訊息似乎是，上帝不存在的話，道德就沒有保證，因為欠缺了懲罰者。

不過，我認為存在主義本身也預設了某些價值，例如沙特說懦弱的人是由於他選擇了懦弱，所以不要埋怨家庭和社會。但懦弱真的無所謂好壞之別嗎？存在主義講的自決性和承擔責任，不正是預設了勇氣是好嗎？簡言之，沙特的道德觀有兩個重點，第一，人生意義並非上帝賦予，而是由人自己決定；第二，道德價值沒有普遍性，是由人所創造，所以每個人都可以不同。

從西方哲學史的角度看，我們可以發現由柏拉圖、康德，再到存在主義，理性在道德方面的角色轉變。古希臘時代，柏拉圖認為「公正」和「善」是客觀存在的理型，人可以憑着理性去認識；而人的真正利益不是物質方面，而是心靈的和諧，以及慾望和意志受到理性的控制。到了較近代的康德理論，道德已經不是那麼客觀地存在，而是理性所頒佈的命令，但理性仍可保證道德的客觀性。時至現代，存在主義認為道德已失去客觀性，價值只是主觀的選擇，理性的作用是讓人認知客觀情況，在深思熟慮後作出抉擇。

從西方哲學發展的角度看，理性的地位正在下降，價值亦由客觀走向主觀。為甚麼價值會由客觀走向主觀呢？可以從社會變遷的角度來了解。現代科技文明主導社會，工具理性凌駕了價值理性，現代人也普遍不相信價值有着超越的根源。當然，道德的客觀性也可以另尋源頭，例如契約。除了契約之外，當代德國哲學家哈伯瑪斯（Jurgen Habermas）認為還有溝通帶來的共識，在〈溝通倫理〉（P.129）那一篇會討論他的主張。

存在主義 VS 西方傳統哲學

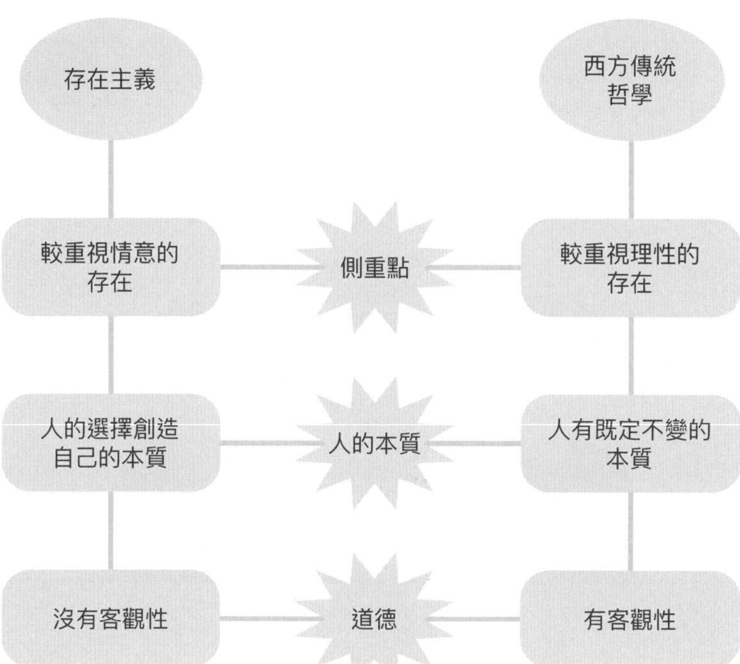

 實用主義

實用主義是美國的本土思想，起源於十九世紀末，創始人是哲學家皮爾士（Charles Sanders Peirce），繼承者為威廉·詹姆士（William James），而集大成的代表人物則是杜威（John Dewey）。有人說杜威是最後一個大系統的哲學家，在這裏我們主要討論他的倫理學。

實用主義跟傳統哲學的最大分別是否定有所謂放諸四海皆準的真理，真理只是暫時性的，當社會轉變，舊的真理不能解決問題，我們就需要新的真理。實用主義的興起有其時代背景，美國當時正經歷工業革命之後的變遷，大量外來移民，城市壯大，社會急速發展，這些都是實用主義形成的外緣因素。實用主義將科學方法提升到哲學的層次，即具有根本的重要性和普遍性。科學家的研究始於發現問題，再嘗試提出假設來回答，並用驗證法去否證錯誤的假設，直到找到一個不被否證的假設為止，就視之為真理，但那是暫時性的，因為新的情況（如新技術）出現有可能推翻舊有的假設，所以實用主義又稱為實驗主義或工具主義。當牛頓物理學被愛因斯坦的相對論所推翻，這表示愛因斯坦的理論能解決更多的問題；但有朝一日，愛因斯坦的理論也可能會被新理論所取代。

杜威稱其哲學為自然的經驗主義或經驗的自然主義，結合了經驗主義和自然主義，但又有別於傳統的經驗主義和自然主義。傳統經驗主義認為知識來自經驗，但杜威認為經驗不限於感官經驗，還包括審美經驗、道德經驗和宗教經驗，擴大了傳統經驗主義所講的經驗。自然主義拒絕用超驗的東西如上帝、精神或形上的實在等等來解釋現象。在這個意義下，霍布斯、尼采和佛洛依德等都是自然主義者；但杜威又跟一般的自然主義者不同，他強調我們的思想和行動是人類跟環境互動的結果，當中有理性的參與，不能僅訴諸於本能、慾望或意志。

在分類上，實用主義的倫理學屬於後果論，即道德能帶來好的後果，令社會進步。實用主義跟效益主義表面上有點相似，但杜威認為人的需要和利益會隨環境而轉變，很難化約為某些標準如快樂，因為這等於說效益原則是永恒真理。既然杜威認為不存在永恒的真理，道德價值也不會例外，道德同樣是人類跟環境互動的產物。杜威指出，道德是一種習慣，是為了解決問題而出現，比如說建立社會秩序，讓我們生活得更加好，所以不同的社會自然有各自的道德規範，農業社會不同於商業社會，傳統社會亦有別於現代社會，東方社會跟西方社也會有差異；甚至當未來人類進入太空時代，有可能跟外星文明接觸，發展出另一套價值觀。從這個角度切入，杜威的倫理學也有着相對主義的成分，這是實用主義的必然結果，因為當兩個對立的理論都是有用的話，它們可以同時為真。不過，杜威主張道德價值是一種理智的探究，我們確立一個具體目標的時候，要考慮其代價和成果，以及是否有助於人的成長和整體性滿足，這似乎又包含着社會進化的思想。

杜威強調人跟環境的互動，而存在主義則重視人是情意的主體；但兩者也有相同之處，就是不對道德原則或價值作客觀肯定，結果存在主義容易變成主觀主義，而實用主義亦流於相對主義。不過，杜威指出人可從後果的好壞去確認其道德價值。例如安樂死的爭議，我們可先嘗試實行，當作社會實驗，看看效果再作判定。問題是，如果要等待它付諸實行，產生惡果才知是錯誤就太遲了，想一想當年納粹黨的優生學，難道不是在創造一種新的價值嗎？道德不像科學，科學家在實驗室做實驗，可以承受無數次的錯誤，直到找到一個合適的假設；但在社會做道德實驗，我們卻不能承受這麼多的錯誤。杜威將科學方法引入道德的領域，忽略了事實和價值的區分，只從實用性的角度來看待價值，亦被批評為太短視，更被戲稱為只有「票面價值」。

實用主義和存在主義可謂二十世紀初的兩大思潮，兩者都強調實踐的重要性，以及行動者要對行為負上責任；但兩者都未能顯示出道德的超越性，前者將人降低到實用的層次，後者則將人帶到不安和孤獨之中。

杜威倫理學的特點

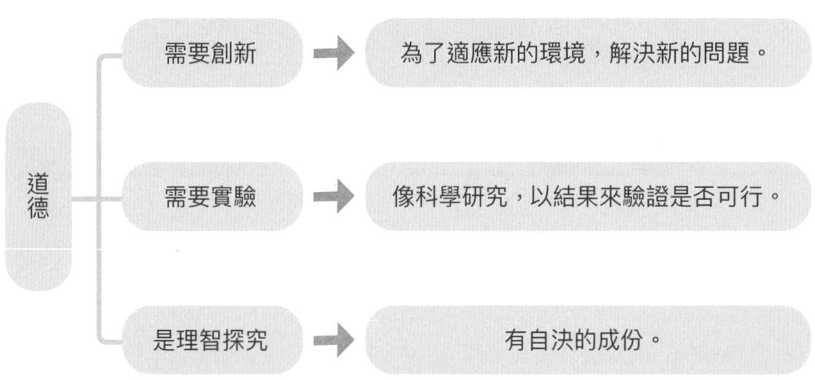

超人道德

人要提升生命力，克服自己的弱點，成為「超人」！

但我不是「超人」的材料，那該怎麼辦？

我的對象只是有潛質的精英！

稱自己為「非道德主義者」的尼采，認為道德純粹是虛構的，但又是必需的；因為沒有道德，人就不能夠活下去。

尼采以批評基督教聞名，其「上帝已死」之說相信很多人都聽過，但他對基督教道德的批評其實也適用於其他思想如儒家和佛教，我們先看看他對道德的分類。尼采將道德分為四種：

四種道德	性質	表現
群體道德	建基於恐懼、憎恨差異和獨立	強調平等一致
奴隸道德	奴隸心中充滿怨恨，是自我否定的頹廢者	基督教的道德正是群體道德和奴隸道德的結合
主人道德	自我肯定，是生命力的表現	具體就是古希臘人的道德
超人道德	在未來出現的道德	結合強者的自我肯定和弱者的創造性精神，揚棄主人的野蠻及奴隸的怨恨和報復

有關尼采對基督教的批評，主要分為兩部分，首先是針對基督教世界觀。尼采認為所謂天堂根本是虛構出來的，使人否定現世的生命。其次是基督教的道德觀，尼采認為平等、謙卑、憐憫和利他等道德只會令人變得頹廢、軟弱和馴服，有損自我實現和生命力的提

升。在這裏我們集中討論尼采對普遍主義、平等和無私的批評，因為很多道德理論都有這些成分。所謂普遍主義就是指道德對所有人都有規範性，但尼采認為每個人性格和能力都有差異，強迫每個人都接受同一套道德觀，就會遏制人性，扼殺人的創造性。既然人在各方面都存在差異，在道德尊嚴上也不例外，亦很自然地有些人的生命價值比另一些人更高，而平等只會將人拉平，令人變得平庸，妨礙強者的出現。

尼采認為道德的目的就是「自我的完成」，而「無私」這個主張根本是反道德的，因為它將他人的利益置於自己之上，不利於個人價值的實現。他鼓吹一種能夠提升生命價值的道德，按精神力量的大小來釐定，理想的人是充滿生命力和創造力，不斷超越自身的弱點和限制——這就是「超人」，接近其理想的人物有歌德和貝多芬，都是在文化和藝術上有巨大創造力的人。雖然尼采否定憐憫，但強調「贈與之德」，尼采假託查拉圖斯特拉（Zarathustra）之口稱此為最高的德性，此德不同於慷慨，而是精神和生命力的充沛表現。

我將尼采的道德主張歸類為「德性倫理學」，因為尼采認為有些德性是使我們達致理想，即「超人」所具備的品德，其中以勇敢、真誠、孤獨、超克這四種比較重要。勇敢使人敢於冒險，創造新的價值；真誠的人不會自欺，能夠面對自己的弱點；孤獨能令人即使在群體壓力下，仍能保持自己的個性和見解；超克使人克服困難，不斷超越自我。這四種德性也可互相支援，比如說真誠需要勇敢，否則人就難以面對醜陋和殘酷的真相。

雖然尼采視「超人」為人生目標，但他也強調人存在差異性，要求所有人都成為強者可能是對某些生命的摧殘，因為每個人都有不同的先天限制和潛能，故尼采說：「你要變成你所是的那種人。」每個人的自我成長目標都不一樣，需要的德性也有分別，他認為：「一個人必須發明對其生命及自我成長的德性及定言令式，否則就會對其生命提升有害。」例如作為一個資本家，愛好名利是一種推動力；但這對一個藝術家明顯是有害的（我的繪畫老師便經常強調，藝術家要擺脫名利才會有真正的成就）。尼采的「超人說」其實是一種文化精英主義，只有少數人才能成為精英；而其他做不成「超人」者，也可以實現其獨有的本質。

有人說尼采的思想是存在主義的先驅，不過，兩者有一個很重要的差別。尼采認為每個人都有其獨特本質，自我成長就是將它實現出來；但沙特式的存在主義則認為人有自由成為自己所想的那樣，人不存在先天的本質，可以創造自己的本質（無論是普遍或獨特的）。傳統哲學認為人有普遍的本質，人生意義就是實現人的本質，尼采的主張剛好介乎傳統哲學和存在主義之間。

儘管尼采深受叔本華的悲觀主義影響，但尼采將藝術救贖的觀點應用到人生，變成肯定人生的思想。尼采將人生視作藝術品，使它具有創造性和欣賞價值，那就是活出個人的風格；個人風格不重於標其立異，而是要培養出自己的獨特個性。如是者，人就會肯定生命，甚至熱愛命運，即使命運悲慘，我們仍然可以感到幸福。尼采進一步提出「永劫回歸」的觀念，就是我們不斷重複自己的人生，但依然會肯定這樣的人生。

存在主義者卡繆（Camus Alber）對西西弗斯神話的解釋，就跟尼采的「永劫回歸」有些相似，由於西西弗斯得罪了天神，被懲罰每天都要重複將石頭推上山，看似荒謬和沒有意義；但卡繆認為，我們必須想像西西弗斯是幸福的，那就是從沒有意義的生活中創造意義，掌握自己的命運。然而，永劫回歸的思想實驗真的可幫我們變得幸福嗎？我倒是十分懷疑。

尼采對傳統道德觀的批評

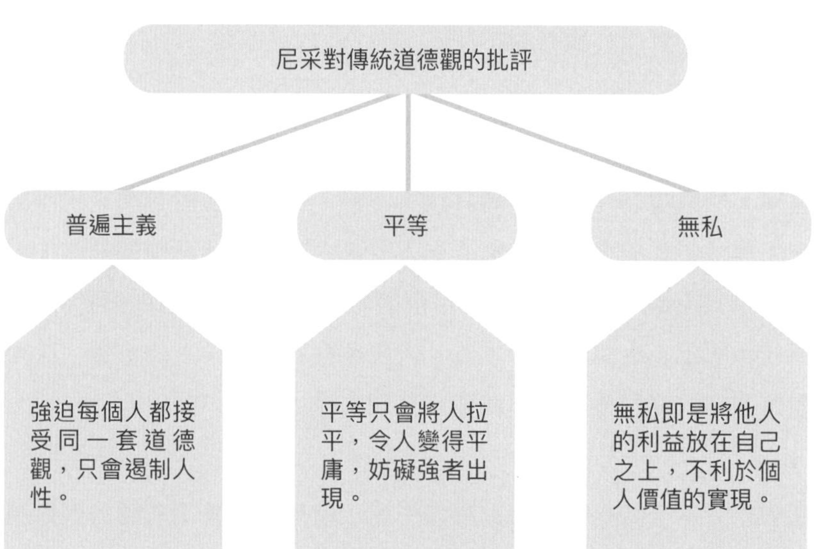

誰的正義

超人：我是正義的化身！

蝙蝠俠：我才是代表正義！

超人：看來我們要用武力解決。

神奇女俠：不用打，你們組成正義聯盟不是更好嗎？

何謂正義？一直以來，「正義」都是一個十分具爭議性的概念，比自由和平等還要複雜，不同的社會、不同的文化、不同的時代都有不同的正義概念，似乎難有共識。這裏我們會討論馬克思（Karl Marx）、羅爾斯、諾齊克三位哲學家的正義觀，他們分別代表着極左、右偏左、極右三種政治立場。

馬克思指出，資本主義社會以追求利潤和累積資本為目的，而這主要透過剝削工人來達成，就是不正義。在馬克思的年代，工人的待遇很差，工資僅足以糊口，工時又長，工作環境也惡劣。在《1844年經濟學哲學手稿》一書中，馬克思分析了資本主義制度下工人出現的三種異化：

- 第一，工人不再是產品的擁有者，他們跟產品疏離，產品變成了壓迫他們的力量；
- 第二，在工廠的分工制度下，工人只負責一個細小的程序，跟生產過程疏離，從工作中得不到滿足感，也發揮不出創造力；
- 第三，工人的勞動只是為了生存，他們跟自己疏離，最終導致了人性的喪失。

馬克思認為貧富懸殊最終會導致階級兩極化，無產階級形成階級意識，通過革命推翻資產階級的統治，成立共產主義社會，由國家控制生產資源，進行生產和分配。共產主義的理想就是社會沒有階級，沒有剝削，大家各取所需，各盡所能。不過，作為一種社會實驗，馬克思的共產主義可說是完全失敗；事實證明，自由經濟比計劃經濟更能帶來社會的繁榮。而馬克思所講的無產階級專政，實際卻是共產黨專政，這必然會導致極權統治，形成新的特權階級；掌握權力者能夠控制生產資源和利益的分配，所造成的剝削和壓制有可能更甚於馬克思所批評的資本主義社會。

1971 年羅爾斯出版了《正義論》一書，引起了社會上很大的回響，不單是哲學圈，連經濟、法律和政治等領域也有人討論他的主張。羅爾斯認為，在現代民主自由的社會，人們有着不同的宗教信仰、人生目標，以及美好生活的觀念，價值是多元的。在這種情況下，要讓所有人和平共處，公平競爭，各自追求自己的理想，我們需要的是有一致性、普遍性，以及大家都接受的正義原則，這樣社會才會有良好的秩序。這就是「正當」的優先性，正義原則是各人追求美好生活的合理限制。

但如何得到大家一致接受的正義原則呢？羅爾斯認為在原初境況中，通過討論可以找出大家一致同意的正義原則。除了契約之外，正義原則的正當性也在於純粹程序的公正，意思是任何通過這程序得出來的結果都有正當性，而原初境況正提供了這個程序。原初境況的設定是所有立約者會被一個無知之幕所遮蔽，不知道自己的具體情況，包括性別、種族、能力，喜好、社會階級及宗教信仰等，只有一般的經濟和心理知識，大家要討論的就是如何分配基本有用物品，包括自由、權利、機會、收入、財富、地位及自尊等，它們對任何人生計劃都是必需的。由於不知道自己的具體身份和能力，在這種不確定的情況下，大家在選擇正義原則時，就會採取保守的態度，認同於社會上最不利的階層，因而會採用最高程度且最低額的規則來選擇分配基本有用物品的原則。

羅爾斯認為大家最終會選擇「正義的兩個原則」，第一個原則是每一個人都擁有相同最大的自由權利，稱為「自由平等原則」。第二個原則的要求是「經濟和社會利益的不平等分配要符合兩個條件」，第一個條件是要對社會上處境最差的人有利，稱為「差異原則」；第二個條件是所附隨着的職位和工作是對所有人開放，稱為「機會平等原則」。

羅爾斯「正義的兩個原則」

原則	1. 自由平等原則	2. 不平等分配須符合兩條件	
		i. 差異原則	ii. 機會平等原則
內容	每一個人都擁有相同最大的自由權利	分配要對社會上處境最差的人有利	附隨着的職位和工作是對所有人開放

原初境況確立了正義的兩個原則是第一個階段，隨後無知之幕會逐步被揭開。第二階段是憲法的制定，這是自由平等原則的應用，確立了民主立憲制，立約者知道自己身處社會的自然資源、文化水平和經濟狀況。第三階段是立法，這是國會的工作，使用機會平等原則及差異原則來確立福利經濟政策，立約者知道社會的具體狀況如社會階層及階層之間的利益衝突。第四階段是具體政策的制定，以

至法官或行政人員應用規則到具體情況，立約者知道自己真正的身份及特殊利益。很明顯，羅爾斯的《正義論》是為現代民主自由體制辯護。

諾齊克是羅爾斯在哈佛大學的同事，於 1974 年出版了《無政府、國家與烏托邦》一書，反駁羅爾斯所主張的正義原則。諾齊克認為，很多人討論分配正義的問題時有一個不當預設，就是假定了政府需要負責分配社會資源的工作，爭議不過是採用甚麼分配原則。他主張應該從生產的角度來看「分配」的問題，生產出來的東西已經被人所擁有，問題是怎樣才算是公正地擁有，而他的正義理論就是關於公正擁有的問題。諾齊克認為正義擁有涉及三個問題：

- 第一問：「人如何有權利擁有一些本來是不屬於任何人的東西？」例如一塊土地。

- 第二問：「人如何有權利擁有一些屬於他人的東西？」例如一間房子。

- 第三問：「當人得到一些他沒有權利擁有的東西，該如何補救這種不公正的現象？」例如偷來的金錢。

對於上述三個問題，諾齊克提出了三個相應的原則，分別是「佔取的正義原則」、「轉讓的正義原則」及「對不正義佔有的矯正原則」。其中最重要的是佔取的正義原則，它涉及私有產權的證立問題；轉讓的正義原則主要建基在自願同意之上；至於矯正原則，跟補償有關。諾齊克指出，只有這三個分配的原則才合乎正義，其他分配原則都是錯誤的，它們最終會損害我們的自由。例如，若徵稅的目的是為了財富再分配，減少社會上的經濟不平等，那就是侵害產權，形同強制勞動，是一種勞役。諾齊克代表的是極端的自由主義，反對社會福利和機會平等的主張。

三種正義

平等 ←→ 自由

馬克思	羅爾斯	諾齊克
共產主義	重視平等的自由主義	自由至上主義
理想是社會沒有階級，沒有剝削，大家各取所需，各盡所能。	首要確立正義的兩個原則，跟着依序制定憲法、立法、訂定具體政策。	社會循「佔取的正義原則」、「轉讓的正義原則」及「對不正義佔有的矯正原則」公正分配資源（毋須政府負責分配）。

25

關懷倫理

大律師
為甚麼不控告這個犯了法
的大企業老闆呢？

因為她一旦罪成，公司就要結
業，影響上千人的生計，我們
應該關懷他們的福祉！
律政司

大律師
這是公私不分呀！

你沒聽過「法律不外乎人情」
這句話嗎？
律政司

在〈德育問題〉（P.34）那一篇的最後，我們提到柯爾柏格對道德認知發展的研究，在他的訪談中，有一位 11 歲男孩肯定地說海恩茲應該偷藥，因為人命比錢更有價值；另一位同是 11 歲的女孩則顯得猶豫，一方面她認為海恩茲不應該偷藥，但一方面又顧及海恩茲太太的生命，她將問題轉向海恩茲和藥劑師的衝突，試圖尋找別的出路解決衝突。根據柯爾柏格的理論，男孩的道德認知能力高於女孩，因為女孩重視關懷，還停留在第三階段；但男孩已能掌握普遍倫理原則，到達第六階段。

女性主義者吉利根（Carol Gilligan）是柯爾柏格的學生，她批評柯爾柏格的理論充滿偏見和性別歧視。她在《不同的聲音：心理學理論與婦女發展》一書指出，男女有着不同的思考模式，故產生相異的道德觀念。男性道德判斷的核心是「公正」，而女性則是「關懷」；前者涉及抽象的理性，強調普遍性，後者源於具體的情感，重視情境的特殊性。大部分西方倫理學講的都是權利、義務、公正和平等，屬於男性思維，因為這些哲學家都是男性。

吉利根認為，這種「正義倫理」強調了人的自主性和個人權利，容易導致人與人之間的分離，對人缺乏關懷和同情；而她主張的「關懷倫理」則可以補救這種缺失。從這個角度看，在墮胎的議題上，所謂「墮胎權」背後正隱藏了男性的價值觀，墮胎不但是對母職的否定，也破壞了關懷倫理。

吉利根的關懷倫理發展論

吉利根仿照柯爾柏格的理論，主張關懷倫理發展也有三個階段；但看起來比較像女性的心路歷程，分別對應未出嫁的少女、結婚後要照顧家庭，以及子女長大後的狀況。

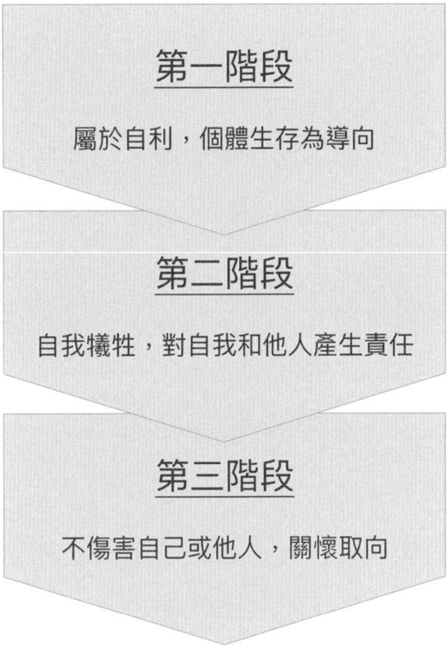

第一階段

屬於自利，個體生存為導向

第二階段

自我犧牲，對自我和他人產生責任

第三階段

不傷害自己或他人，關懷取向

自從吉利根提出關懷倫理之後，引發了很多討論。有人認為，應該用關懷倫理取代正義倫理，這樣人與人之間就會減少紛爭，甚至戰爭，世界也會和平得多。有人則批評，強調男女有不同的道德思維是一種本質主義（Essentialism），它只會強化男女的性別角色，例如男性出外工作，女性在家照顧子女；男性適合做醫生，女性適合做護士等等，令女性處於弱勢。但事實上，男性和女性思維確實存在差異，一般來說，男性比較擅長抽象思考，講求公正和公平；女性則比較重視人和人之間的關係，關懷別人的需求。究竟這是天生如此，還是社會化的結果呢？女性主義者傅瑞丹（Betty Friedan）和科德羅（Nancy Chodorow）都認為是社會化的結果，只是說法不同。

傅瑞丹分別在著作《女性迷思》和《第二階段》提出了女性迷思和男性迷思，這兩種迷思都是源於社會期望，男女為了符合性別角色的要求而產生迷惘。女性是從男性的關係和母職的角度來定義自己，在社會期望下，她們必須擔當賢妻良母的角色。如果女性覺得不快樂的話，就會以為自己有問題，這造成女性無名的痛苦。男性則是從跟其他男性的競爭上定義自己，所以男性必須堅強，處處提防別人，這令男性變得孤立，而且恐懼別人進入自己內心，認為這是軟弱的表現，這造成了男性的痛苦。

科德羅在《母性的再生產》（*The Reproduction of Mothering*）一書中指出，人的個性跟初出生後數年的成長經歷有密切關係，男女之別也是由此造成。兒童通常或主要由母親撫養，父親多數時間不在家裏。男孩為了認同父親，必須遠離母親，產生分離意識；女孩則認同母親，產生關聯意識，如是者，男女的不同就一代一代地複製下去。結果是男性重視「分離」，難於跟人（甚至是家人）相處；而女性則重視「關聯」，照顧和滿足他人的需要，但為此要犧牲自己，所以在事業上的表現比男性差。

我認為先天和後天兩種因素都存在。女性作為生育者，關懷子女肯定比男性強烈，生理上跟荷爾蒙的分泌有關，荷爾蒙又會對心理產生影響。而「正義倫理」和「關懷倫理」主要對應着公私兩個領域。在公共領域，我們重視的是權利得到保障，競爭合乎公平；但在私人領域，比如家庭，似乎就不應大談權利。關懷訴諸直覺和感受，而非原則，關懷倫理注重小範圍的人際關係，關懷者與被關懷者必須有互動，所以關懷倫理適用於解釋家人和朋友的關係，或是特定群體的關係網，義務並非首要的道德考慮，也不一定要平等地對待每個人，而是盡量滿足他們的需要，令他們生活得好。

當然，這並不是說個人的權利完全不適用於家庭，比如說，父母虐待子女是犯法的，「婚內強姦」的觀念也是成立的。同理，關懷倫理也可引申到公共領域，以補正義倫理的不足，從這個角度看，社會福利就是將關懷制度化；有報道說參與環保和爭取動物權益的人士也以女性居多。儘管正義倫理源於男性思維，關懷倫理源於女性思維，卻不表示男性就一定比女性更懂得理性的抽象思考，或者男性就不可以對人充滿關愛，因為思考和關愛都要經過學習和實踐，以起源來限定事物正是犯了起源謬誤。

西方哲學傳統雖然以正義倫理為主，但西方文化的另一個源頭基督教十分重視愛，愛不就是關懷嗎？信、望、愛正是基督教所主張的三大德性，洛克的權利思想也有着基督教的根源，從這個角度看，我們或許可以建構出一種包含權利和正義的關懷倫理學，正義不過是愛的一種表達方式。回頭再看中國文化的儒家思想，孔子所講的仁，亦即是愛，是關懷；不過，儒家的缺點在於缺乏一種保護個人權利的公正觀念。

正義倫理 VS 關懷倫理

正義倫理		關懷倫理
公正	判斷核心	關懷
訴諸抽象的原則，強調普遍性	重情／理？	訴諸直覺和感受（情感），重視情境特殊性
更適用於公共領域，重視權利、義務與平等	適用範圍	更適用於小範圍的人際關係網，重視他人福祉

26

溝通倫理

道德的客觀性來自**上帝**。
奧古斯丁

只有**理性**才可保證
道德的客觀性。
康德

道德的基礎來自程序和**契約**。
羅爾斯

道德共識是**溝通**交談的結果。
哈伯瑪斯

道德的客觀性究竟來自哪裏呢？是上帝、理性，還是契約呢？哈伯瑪斯認為是「溝通」。哈伯瑪斯是德國哲學家，屬於法蘭克福學派（Frankfurt School），該學派又名新馬克思主義（Neo-Marxism），不過，跟傳統的馬克思主義（特別是教條式的馬克思主義）可謂截然不同。

哈伯瑪斯指出，除了馬克思講的「勞動」之外，人類作為社會存在，另一個基本向度就是「互動」。在勞動的層次，典型的行動是工具性的，表現在技術和生產力的提升，這成就了工具理性；在互動的層次，典型的行動就是溝通，目的是互相了解，達成共識，依靠的是溝通理性。溝通理性不但是道德規範的基礎，更是我們步向理想社會的指引。從哈伯瑪斯的角度看，道德行為正是一種溝通行動，故倫理學也就屬於溝通行動的理論。溝通的目的是為達致相互了解，在溝通行動中，雙方都是訴諸理由，提出論證，因此是一種理性的行為。哈伯瑪斯在《溝通行動理論》一書中剖析，我們進行溝通時是預設了四種有效性的宣稱：

- 第一，說話者的語句是可以被了解的，這是「可理解性」的有效宣稱；
- 第二，說話者的語句是真的，這是「真實性」的有效宣稱；
- 第三，說話者的意圖是真誠的，這是「真誠性」的有效宣稱；

■ 第四，說話者的說話在當時是合乎規範的，這是「正當性」的有效宣稱。

溝通之所以可能，就是建基於以上四種預設。而在道德領域中，行動者透過對話，訴諸理由，同意甚麼是對的行為，這就是道德的客觀性。但憑甚麼可保證交談的結果一定合乎理性呢？哈伯瑪斯提出了「理想的言說情境」，那是免於溝通被權力和意識型態所扭曲，每位參與者都是自由、平等和開放地表達自己。不過，在現實的環境，我們少不免會受偏見、利害、權力和無知所影響，故交談不一定可達致共識，很多時只是妥協，甚或以衝突告終。

也許將哈伯瑪斯跟羅爾斯的理論作對照會較易明白。羅爾斯是通過程序來證立正義的原則，意思是這個程序（原初境況和契約）所產生出來的任何結果都是公正的。哈伯瑪斯也是訴諸程序——交談（包括了四個有效性宣稱、理想的言說情境和同意）。不同的是，羅爾斯會告訴我們最後得出來的正義原則是甚麼；哈伯瑪斯則只是說道德規範的客觀性來自交談達致共識。

雖然在羅爾斯設想的「原初境況」中，立約者的目的是共同商議用甚麼原則來分配社會有用物品，好像也在交談溝通；但由於立約者都受無知之幕遮蔽，忘記了自己的特定身分、能力、興趣和利益，所以跟一個理性的人在做抉擇其實沒有分別。至於哈伯瑪斯「理想的言說情境」之設定，每位參與者都帶着各自的利益進行交談，以求在溝通行動中達致互為主體的共識。由此可見，羅爾斯「契約倫理」中講的論證是獨白式的，而哈伯瑪斯「溝通倫理」中講的論證是對話者的互動。兩者還有一個明顯分別，羅爾斯是繼承自由主義，對於像人生目的這類價值採取一種主觀的看法，而「正義」先於「價值」；惟哈伯瑪斯所講的由交談達致共識，不單是指道德規範，也包括其他價值，換言之，道德以外的價值也可以有客觀性。這種共同價值的基礎有別於社群主義訴諸傳統和歷史，也不可以跟集體主義講的集體利益混為一談，例如像納粹黨講的所謂「國家利益」往往會為人類帶來悲劇。

在〈德育問題〉（P.34）那一篇我們提到柯爾柏格的道德認知發展理論，哈伯瑪斯認為在第六個階段之上還有第七個階段，就是「普遍言談倫理學」，在這個階段，每個人都可以表達自己的觀點，並充分理解他人的看法，溝通是以論證的形式來進行，通過論辯達成共識。

或者可以這樣說，溝通倫理的重點不僅在於結果，也在於過程，就是通過交談，訴諸理據，社會中的成員提出自己的需求，讓公民的身份得以確立。我認為，哈伯瑪斯跟馬克思一樣，提出了一個理想的烏托邦，不同的是，哈伯瑪斯講的理想社會是建基於溝通理性來解決問題，也不像自由主義般要犧牲共同價值來實現自我。

知識與認知興趣

根據「知識構成的興趣」，哈伯瑪斯將知識分三類：科學性、詮釋性和批判性。

知識	科學性	詮釋性	批判性
認知興趣	技術的興趣	實踐的興趣	解放的興趣
方法	律則性假設驗證	作品解釋	自我反省
學科	經驗性學科（如自然科學）	詮釋性學科（如歷史）	批判性學科（如心理分析）
生活要素	勞動	語言	權力

27 順應自然

每當提到「順其自然」，大家可能立即聯想到道家思想。老子說：「人法地，地法天，天法道，道法自然。」但「道」如何效法自然呢？道已經是萬物的根源和規律，自然的意思不過是原本如此而已。有趣的是，西方傳統也有一種思想強調人要「順應自然」，那就是斯多葛學派，這是一門經歷了六百多年，跨越希臘、希臘化和羅馬三個時代的哲學思想。斯多葛學派是一個頗為完備的倫理思想，除了強調實踐的倫理學之外，還有宇宙論和知識論作為倫理學的根基。

斯多葛學派的開創者是古希臘哲學家芝諾（Zeno），他認為宇宙有一永恒之火推動着萬物的運行，構成一個理性的秩序，他稱之為「邏各斯」（Logos），地位跟老子講的「道」相若，所以中文有時也會翻譯為道。芝諾認為人是沒有能力改變現狀，唯一可做的就是改變自己對世界的態度，接受一切都是命定的安排；所以，斯多葛學派認為人生在世應該「順應自然」，只有這樣，我們才不會被外物所牽引，因外物而憂慮。接受命運好像很消極，但其實「順應自然」還有另一層的意思，就是運用理性作出適當判斷，主動地控制情緒和慾望，展示其積極性的一面。斯多葛學派強調我們有能力區分可以控制和不可以控制的東西，嚴格來說，只有人的內心和德性才是自己可以控制；至於外在的事物如金錢、名聲和健康都不是自己能作主的。這說法一方面有命定論的色彩，另一方面又突顯出道德的自主性。

斯多葛學派重視培養智慧、勇氣、節制和正義的德性[1]，藉此令我們不受情緒和慾望的支配，心靈得以平靜，這就是幸福；跟莊子所說「安時處順，哀樂不入」的意思相近，而老子講的「自知者明，自勝者強」也適用於斯多葛學派。道家和斯多葛學派還有一個相似之處，就是強調從整體的角度來看待事物；不同的是，道家從道的角度看到事物的相對性和無常性，斯多葛學派則從邏各斯的角度看到理性的秩序，認為善惡就像真假那樣分明。

斯多葛學派的全盛時期在羅馬時代，誕生了三位出色的哲學家，分別是塞內卡（Seneca）、愛比克泰德（Epictetus）和奧理略（Marcus Aurelius），三人的身份分別是大臣、奴隸及皇帝，可見斯多葛學派思想的普世性，學習者不分身份和地位，而事實上，該學派也有世界公民的主張。塞內卡曾任羅馬皇帝尼祿的老師，又是元老院的議員，更是劇作家和富商，而他撰寫的《論憤怒》可謂世上第一本討論管理情緒的專著。他在書中提出了很多控制憤怒的方法。例如延緩，他認為憤怒是一種即時的情緒應，但一經延緩，情緒可能就走了；或者用幽默轉移憤怒。現代心理學的認知行為治療有很多技巧都是源於此書，不過認知行為療法忽略了塞內卡對德性的重視。

愛比克泰德沒有著書，但他的學生將其教學內容輯錄成《手冊》和《語錄》兩部作品傳世。愛比克泰德強調，要改變我們的內心，首

1 智慧、勇氣、節制和正義，這四種都是古希臘最重視的德性，也是柏拉圖在《理想國》講的四大德性，對應着靈魂的三種能力，見本書〈德性回歸〉（P.88）那一篇。

先要改變我們的信念，他說：「擾亂人心的不是事物本身，而是我們對事物的判斷。」他又以演戲為比喻，說明命定和自我控制的關係：作為一個演員，角色是既定的，沒有選擇的餘地，但是如何演這個角色則是我們自己決定的，演得好或差也是演員自己負責。

至於奧理略，是名符其實的「哲學家皇帝」，他不但創造了羅馬的繁華時代，更親自統率大軍上陣打仗，他的著作《沉思錄》其實是寫給自己看的，大部分是對日常生活的哲學反省，所以內容有欠系統性。他深受愛比克泰德的影響，特別強調將斯多葛學派的理念在日常生活中實踐和不斷改進。

雖然說人的內心可以自主，但德性不是說有就有，德性的培養，就好像運動員操練他的體能，必須通過努力和訓練才有所成，可稱之為精神的操練。至於道家的修行，強調「無為」，無為既可指一種心靈的境界，也可指達到這種境界的方法。老子說：「為道日損，損之又損，以至於無為。」為道的重點在於去除私慾、私念，以達無執的境界。無為不是甚麼也不做，而是「不妄為」，順應自然而成就的精神境界。但如何達到無為呢？老子的工夫論是「致虛極，守靜篤」，有清淨的心靈才能自定，才能容物而不致偏執。

斯多葛學派在培育德性方面跟道家也有相似之處，為了保持心靈平靜，不應向外追求。的確，我們之所以常常感到痛苦，不就是源於期望得不到實現嗎？降低期望，就不會遭遇挫折和失敗。然而，我們亦會因而無法享受成功帶來的幸福感，事實上，挫折和失敗都有助提升能力，使我們得以成長。儘管愛比克泰德主張禁欲主義，但斯多葛學派的基本精神是幸福不應依賴外物，而訓練內心不受外界影響，並不一定要否定外在的成就。例如塞內卡正是一位擁有權力和地位的哲學家兼大臣，奧理略甚至貴為皇帝。

道家 VS 斯多葛學派

雖然道家和斯多葛學派有不少相似之處，但亦有明顯的差異。

道家		斯多葛學派
善與惡是相對的	善惡的關係	善惡分明
輕視知識，否定辯論的價值	知辯的看法	有其邏輯系統和知識論
強調體悟，較為玄妙	怎判別道德	重視理性判斷，較為日常性

28

幸福人生

如何得到幸福？
小和尚
老禪師

幸福就像貓的尾巴，貓拼命地追着自己的尾巴，但其實只要牠不理會尾巴，尾巴自然會跟隨着牠。
老禪師

若說人生的目的是追求幸福，相信沒有人會反對，但幸福又是甚麼呢？德國詩人布萊希特（Brecht）說：「人人都追求幸福，幸福卻藏着我們身後。」這是否表示刻意追求幸福是得不到幸福，反而不經意間幸福就會出現，我們甚至不用知道幸福是甚麼嗎？

對於讀哲學的人來說，自然不會滿足於以上的答案。例如法國哲學家阿蘭（Alain，原名 Émile-Auguste Chartier）認為我們必須積極行動，才能獲得幸福，他在《論幸福》（*Propos sur le Bonheur*）一書中說：「幸福要憑自己的意志和自我克服才能得到。」但幸福好像是內心的一種感受，真的存在着客觀標準嗎？而只要滿足這個標準就一定會幸福嗎？

我們先從一般人的想法開始，大部分人會說擁有金錢、地位、事業、家庭和健康等就是幸福。但這些東西都有相對性，當發現他人比自己更有錢、地位和事業時，可能就會覺得別人比自己幸福得多。中國人有所謂「五福臨門」，五福就是「壽、富、康寧、攸好德、考終命」，意思是長壽、富有、健康平安、愛好美德、得享天年，這就是幸福的人生。從傳統中國文化的角度出發，品德在幸福人生中佔一席位；不過，在儒家看來，品德才是首要的，因為道德能突顯人的自主性。在孔子的學生中，以顏回的德行最好，孔子讚賞他：「一簞食、一瓢飲，在陋巷。人不堪其憂，回也不改其樂。賢哉回也！」顏回之樂並不是來自物質生活，而是來自品德的心靈快樂。

在〈德性回歸〉（P.88）那一篇，我們簡述了亞里士多德的德性論，他認為名譽、金錢和地位雖然能令我們快樂，但這些外在的善並不是幸福的必要條件，內在的善才是幸福的必要條件，那就是德性；而德性帶來的快樂，比起其他活動如運動和遊戲所得的快樂更為自足和持久。內在的善屬於心靈，這是我們可以自己作主的東西，通過適當的訓練，就能培養出良好的品格。亞里士多德還說，能作「理論觀照」的人才享有最高的幸福，所謂理論觀照，簡單來說就是研讀哲學。換句話說，最幸福的人就是哲學家；因為理性是人類最高級的機能，而理論觀照則是理性的最高活動，可帶來自足和持久的快樂。

東西哲學宗師論幸福

亞里士多德	孔子
外在的善有相對性，內在的善（德性）方為幸福的必要條件。	道德能突顯人的自主性，品德才是首要之福。
理性是人類最高級的機能，進行「理論觀照」（讀哲學），便是享受最高之幸福。	相比來自物質生活之樂，源於品德的心靈快樂才是最高的幸福。

雖然伊壁鳩魯學派和斯多葛學派有着不同的宇宙論和價值觀，但有趣的是，兩者所追求的人生目的差不多，就是心靈的平靜。不同的是伊壁鳩魯學派強調用理性對快樂進行計算，節制慾望；而斯多葛

學派則重視德性鍛鍊，以有效地控制情緒。德性和幸福的關係似乎是哲學界的共識，就連反對傳統哲學的尼采也不例外，我們在〈超人道德〉（P.112）那一篇已討論過尼采所重視的德性。

亞里士多德認為，倫理學研究的是一個人如何過美好的生活，而政治哲學是研究一個社群如何過美好的生活；有鑑於個人是離不開群體的，所以倫理學屬於政治哲學的一個分支。既然人生的目的是追求幸福（即過着合乎道德的生活），所以亞里士多德認為，國家成立的目的之一就是幫助其人民達成這個理想；換言之，國家有責任去令其人民成為合乎道德的人。

亞里士多德的說法對自由主義者來說自然不是味兒，自由主義的始祖洛克認為國家是「必要的惡」，所以我們必須限制國家的權力，否則我們的自由權利最終就會被侵害。從自由主義者的角度看，每個人都有其個性和潛能，自由就是幫助我們發展和實現這些潛能，所以人生目的是因人而異。例如有人想成為出色的藝術家、有人想做成功的商人、有人想成為傑出的運動員等等。為區別起見，我將傳統德性論講的人生目的稱為「自我修養」，即培養品德；至於自由主義講的人生目的則稱為「自我實現」，即發揮自己的才能。套用魏晉玄學的說法，這就是「德性」與「才性」之別。

幸福人生最好就是才德兼備。而品德跟才能也有關係，比如說智慧、勇氣、忍耐、勤奮等品德可以幫助我們發展潛能，達致成功。

現代哲學幸福論

傳統哲學強調品德是幸福人生的要素，對比現代哲學則有三部專門討論幸福的著作，分別是伯特蘭·羅素（Bertrand Russell）的《幸福之路》（*The Conquest of Happiness*）、阿蘭的《論幸福》及希爾提（Carl Hilty）的《幸福論》（*Happiness*）。

哲學家	幸福要素
羅素	專注於自己的興趣
阿蘭	積極思考，凡事樂觀
希爾提	心靈平靜，以基督教信仰為基礎

科技萬能

自從十七世紀近代科學革命之後，人類的科學可謂突飛猛進，而科技則是科學的應用，我們現在已經進入了「科技時代」，科技成為主導文化的力量。有兩種科技會對我們的未來產生重要影響，一種是生物科技，包括基因改造和複製技術；另一種是人工智能（AI），目前表現於資訊科技，從社交媒體的盛行可見一斑。有報道說，展望未來的二十年，不但勞動性工作會被人工智能取代，一般事務性的工作包括部分律師和醫生也一樣會被取代。

在《異形》電影系列第五部《普羅米修斯》中，我們就可以看到編劇對上述兩種科技有怎樣的想像。普羅米修斯其實是希臘神話中的天神，由於祂偷取火種給人類使用，被眾神之首宙斯懲罰，自此「普羅米修斯」這個名字就象徵着人類對科技的渴求，以及不可預料的後果。電影借此為名，講述人類遠赴外星尋找創造主，原來人類是由稱為「工程師」的高智慧外星人用基因技術製造出來的。雖然電影中的人類在生物科技方面未達到這個層次，但在人工智能已有突破性的發展，創造出有自我意識的生化機械人，叫做「大衛」。有趣的是，「工程師」是被他們製造出來的異形所消滅，而那些尋找「工程師」的人類則死於「大衛」之手，這部電影似乎暗示着科技的發展最終會消滅人類。

自從十九世紀瑪麗·雪萊（Mary Shelley）的小說《科學怪人》出版以後，西方文藝界就一直存在着對科技的恐懼，《科學怪人》的副題正是「現代的普羅米修斯」；相反，大部分科學家都對科技持正面看法，不知這是否反映科學和藝術的對立。

早於十六世紀，英國哲學家培根（Francis Bacon）就對科學發展抱非常樂觀的態度，他在《新亞特蘭蒂斯》一書主張由科學家組成名為「所羅門之家」的團體，通過醫藥和技術的研究，建造理想的社會，可稱為「科技烏托邦」。未來學家庫茲韋爾（Raymond Kurzweil）是這種思想的繼承者，他在《奇點迫近》一書中展望，科技最終能夠根除所有疾病，不但逆轉老化，甚至超越死亡，人類能以肉體的形式永遠生存下去；或者將意識上載，以數位化的形式保存，他還預測 2045 年人工智能將會發展為人與機器的結合。

那些擔心科技會帶來災難的小說家則認為，科技會帶來烏托邦的反面，亦即是反烏托邦（Dystopia），這是很多小說和電影的題材。例如赫胥黎（Aldous Leonard Huxley）的小說《美麗新世界》就描繪出公元 2540 年被科技全面監控着的社會，政府利用試管培植胚胎，製造不同能力和等級的人類。這種擔憂並非全無道理，過去的工業革命雖然帶來經濟發展，但亦造成環境污染的問題。在未來，人工智能可能會發展出自我意識，不受人類的控制；人工生殖和複製技術亦會衝擊家庭結構，影響社會的穩定；基因改造更可能徹底改變人類的生物性，顛覆人類的社會結構以至人與自然的關係，總之就是危機重重。

也許有人認為科技是中性的，只視乎人類怎樣使用，如核能可以改善生活，核彈則可能會毀滅世界。不過，這種科技工具觀似乎過於樂觀，因為本來是工具的科技可能會變成目的，我們是為科技而追求科技，人反而成為了工具。古希臘哲學家阿瑞斯提普斯（Aristippus）早就警告我們，金錢本來是工具，但我們反過來將金錢當成目的；誤將工具當目的，人類只會不斷重蹈覆轍。

德國哲學家海德格甚至認為科技不是中性的，因為它會影響我們的世界觀，不只是大自然，就連人也會被視為「儲備」，隨時按需要而被提取，用於生產；換句話說，科技強化了工具性的思考，危害我們的價值理性。有人認為這些想法過於悲觀，科技可以提升效率，何況在現代的經濟模式，我們根本離不開科技；但過於重視效率可能會令我們失去了悠閒和耐性，帶來了焦慮和煩嫌，也許這是追求科技的代價。

科技的進步也帶來了新的道德問題，例如安樂死和人工生殖的爭議，有關生物科技產生的道德問題會在〈人工生殖〉（P.159）、〈複製人類〉（P.164）及〈基因改造〉（P.168）這幾篇討論。的確，如果沒有科技，就不會出現這些道德問題；所以有人認為，科技危害道德，將道德和科學推向對立；也有人認為，科學雖然帶來物質文明的進步，但物質生活會令人沉迷於享樂，敗壞我們的道德。我並不十分認同這種科學危害道德的論調，問題反而是，我們的道德觀追不上科學發展。現在人類快要進入太空時代，探索宇宙的奧秘，我們不僅要依靠科學，更要建立適用於科技時代的道德觀。

科技潛伏的危機

科技	潛伏危機
資訊科技	可以控制資訊的發放，影響人的思想，建立全面監控的社會。
生物科技	基因改造的人類可能會跟普通人產生對立，甚或導致基因歧視。
人工智能	若發展出自我意識，懂得自由思考，可能會與人類為敵。

30 傳媒春秋

怎可以報道我的私事？
我們有自由報道的權利！
明星
記者
但你侵犯我的私隱權！
觀眾也有知情權，知情
權加上自由報道的權利，
就大過你的私隱權！
明星
記者

記得以前香港電台有一個節目，叫做《傳媒春秋》，主要探討傳媒經營、發展和操守等問題，如果這個節目今天還存在的話，一定會討論互聯網的問題。大抵上我們可以將媒體分為傳統和現代兩種，傳統媒體包括報紙、電台、電視，而現代媒體則是網台和社交媒體。

在現代的民主社會，傳媒通常被稱為第四權，即政府行政、立法和司法三權之外的第四種政治權力，責任是監察政府和社會；不過，政府也可以通過發牌和廣播相關條例來控制傳媒，雙方產生了互相制衡的作用。至於市民跟傳媒的關係，一方面市民希望傳媒反映民意，另一方面傳媒也想藉着發放訊息影響市民的決定，無論是經濟（消費）或政治（投票），傳媒並不完全是價值上中立的，背後往往代表着某種立場。

傳媒對我們的影響是毋容置疑的；要不然，政治人物就不會那麼重視在媒體的形象，選舉時花費大量金錢來打媒體戰，商業機構也不用賣廣告推銷產品。有人擔心傳媒會被政權利用，變成政治宣傳的工具；而資訊市場化的結果可能是被商業機構所壟斷，為了謀取最大的利潤，資訊內容也會變得庸俗化。但政府也可以成立公營傳媒機構，製作高水準的節目，以平衡過度商業化的傳媒。

說傳媒操控我們未免有點誇張，但若長時期接觸單一的資訊，就有被「洗腦」的風險，傳媒的影響通常是潛移默化的，我們是不知不覺間受其影響。先不談假新聞的問題，即使傳媒發放的是真訊息，但由於它控制了訊息的發放，可以過濾或只提供某類型的訊息，這樣就可達到扭曲現實的作用。

理想中，傳媒的工作是報道事實，提供真實的資訊，讓我們了解社會和世界的事情，繼而產生上述監察政府和社會的作用。作為傳媒工作者，其專業操守就是誠實（如實報道真相）、公平（平衡報道正反等各方觀點）、獨立（不受政治和商業力量的影響，這一點最難做到）、尊重他人的權利、保護資料來源、用正當的手法獲取資訊等等。問題是，由誰來監察傳媒呢？傳媒可以像醫生和律師般，由從業員組成監察團體，制定有關的倫理守則，懲罰違規的同業嗎？或是透過發牌的制度，提升傳媒人員的專業質素呢？

有人認為傳媒代表了言論自由，而自由是寶貴的，即使出現假新聞、仇恨言論，甚至是誹謗，也不應限制言論；即使言論是錯誤，但通過批評和辯論，真理才得以彰顯。英國哲學家彌爾指出，人在認知上有其限制，誰都會出錯，若思想統一便很有可能令大家一起犯錯，對社會造成很大的傷害。當然，自由主義者也不會認為自由是毫無限制的，正如〈自由萬歲〉（P.64）那篇所講，我們的自由是受制於不傷害原則。不過，言論很少會直接傷害他人（如身體和財產）；當然，誹謗可以造成名譽的傷害。

正如前面所講，很多傳媒的報道都不是價值上中立，有些更有明顯的政治立場，而且「公眾是理性的」這個假設也十分可疑。互聯網問世後，一方面我們有所謂的 IT 巨頭「GAFA」，G 是 Google，

A 是 Apple，F 是 Facebook[1]，最後一個 A 是 Amazon，它們擁有大量的用戶，主導了市場，手握龐大資源，操控着資訊的流通，而且業務範圍覆蓋全球，不妨稱之為「資訊霸權」；也有人認為「真相已死」，我們已進入「後真相年代」，誰擁有權力，誰就可製造「真相」。另一方面，互聯網的普及又令每個人都有機會成為訊息的發放者，傳媒工作者還會講專業操守，但這些網絡世界中的匿名發表者就不會理會這些，說得動聽一點，人人都能暢所欲言，說真心話；壞處卻是充斥着假消息和垃圾資訊，而且有些更肆無忌憚地惡意中傷他人。

儘管 Google 和 Facebook 這些現代媒體也有資訊審查的政策和指引，但實行起來好像過於主觀，比如說禁止仇恨言論（Hate Speech），就常有雙重標準的問題。舉個例，Facebook 主動刪除美國前總統特朗普（Donald Trump）發出的仇恨言論，卻容許針對特朗普的仇恨言論存在。2019 年，一個名為「真相工程」（Project Veritas）的組織派出卧底到 Facebook 公司搜尋證據，揭發了 Facebook 雙重標準和操控言論的問題。此外，根據社交媒體的演算法，我們經常會接收到同類的資訊，產生所謂 Filter Bubble 效應（又稱同溫層效應），容易產生偏見，這問題比假新聞更嚴重。其實，社交媒體的演算法目的只是為了廣告收益，根本不在意是否追求真相或有意義的辯論，這樣操控言論的結果是傷害了民主制度。

1　Facebook 母公司自 2020 年起改名為 Meta，本書為方便計一律沿用舊稱。

互聯網是一場資訊革命，現在我們尚在這個革命的開端，相信將來會給我們的生活帶來巨大轉變。我不太肯定是否需要成立一個專業獨立的機構來監察傳媒，又或者在一個真正自由競爭的公平環境，傳媒之間就能夠互相監察，達致制衡作用。但我認為更重要的是，培養受眾的理性思考能力，能夠對傳媒的訊息作出批判性閱讀。

資訊 × 知識 × 智慧

資訊、知識和智慧屬於三個不同的層次，傳媒提供的主要是資訊，更重要的是如何將資訊轉化為知識（應用），然後再提升到智慧（人生觀）的層次。

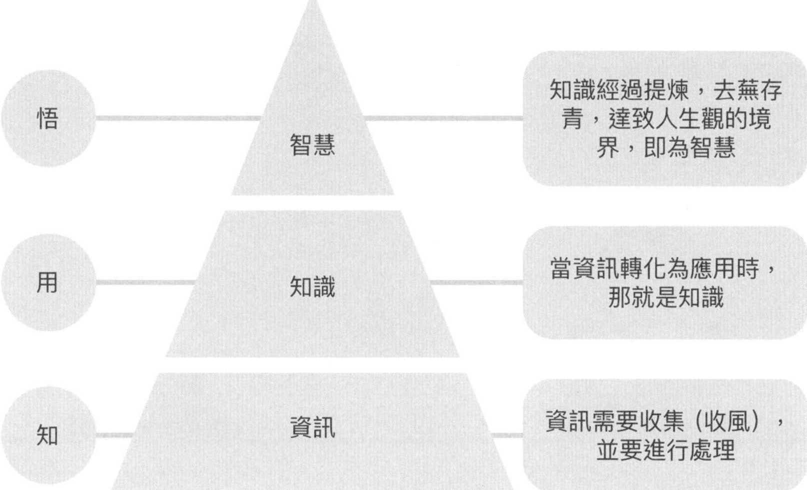

求財有道

孔子不是說「富貴於我如浮雲」嗎？

資本主義的興起帶來了財物增長，但經濟成果僅集中在少數人手上，令貧富懸殊的問題更加嚴重。社會主義的出現，很大程度上是回應這個問題，最終導致二十世紀初一連串的社會運動和革命。資本主義建基於自由市場經濟，而社會主義則主張計劃經濟，以下我們借用馬克思和經濟學家海耶克（Hayek）的論點，比較一下這兩種經濟制度，然後再討論經濟和道德的關係：

馬克思的看法		海耶克的看法
商業世界汰弱留強，最後只會剩下幾間龐大的公司，壟斷市場，謀取暴利；唯一解決方法是由中央作出干預。	資本主義	規模大的公司行政費用高，雖然大量生產有優勢，但在靈活面對市場變化方面，就及不上小規模公司（尤其是小眾喜好的產品）。
造成生產過剩，浪費資源。相反，計劃經濟只須生產少量標準化產品就夠，更具效率，並減少浪費及廣告宣傳等不必要開支。	市場經濟中的競爭	會帶來進步，可以不斷改善產品的質素，多樣化的產品更可滿足消費者的不同需求。

經驗證明，那些實行計劃經濟的社會主義國家沒有一個是經濟繁榮的，其中一個原因是經濟發展需要龐大的資訊，包括人民的需求和才能，市場經濟就輕易完成這樣的工作。還有，自由是創新和發展是土壤，到目前為上，最有效率的經濟制度還是資本主義。正如亞

當・史密斯（Adams Smith）[1] 所說，在市場上每個人只管追求自己的利益，最後就會對所有人有利，此所謂「無形之手」。我認為有幾個原因，首先，私有產權得到保障，人就有了努力工作的動力；其次，自由市場依據供求定律，有效地控制產品的供應和價格；還有，自由競爭帶來進步，提升產品的質素。當然，這並不表示資本主義就沒有問題，除了貧富懸殊之外，資本主義的過度競爭令人感到厭倦，而利潤主導亦會對人性有不良的影響，比如說令人變得更自私；社會主義強調的合作性似乎更有利於人性的發展，由利潤的追求到社會共富也符合一般人的期望。

除了守法之外，商業機構有沒有社會責任呢？有人認為商業機構的管理層要平衡各方面利益，例如盡力避免傷害自然環境、提供安全的工作環境和公平的進升機會給員工，以及確認並維護顧客的權利等。為甚麼商業機構對社會有責任呢？主要有兩個的理由，第一，社會責任對商業機構、員工、顧客和社會整體都有利。如果商業機構負起社會責任，就會有好的名聲，吸引顧客，員工也會樂意在這裏工作，這樣商業機構就能獲取長遠的利益。第二，社會容許商業機構經營，為它提供人力資源和穩定營商環境，所以商業機構對社會也有一定的責任，這就好像有一張隱形契約存在於社會和商業機構之間。

然而，亦有人反對商業機構負上社會責任。著名經濟學家佛利民

1　亞當・史密斯是十八世紀英國經濟學家與哲學家，他所著的《國富論》，是世上第一本旨在闡述歐洲產業和商業發展歷史的著作，故普遍尊他為「現代經濟學之父」。

（Milton Friedman）認為，商業機構是股東所擁有的私人產業，所以商業機構的唯一責任就是為股東謀取最大利益。如果要商業機構解決社會問題，如貧窮、污染、歧視等，那就會增加經營的成本，在一個競爭激烈的商業社會，這只會令企業處於不利位置。的確，盈利才是商業機構的主要目的，若虧本的話，公司就會倒閉，自由市場本身有其運作的規律，要商業機構負上社會責任就會妨礙市場運作，扭曲了商業的經濟功能，危害自由市場的穩定。

另外，儘管有非政府壓力團體擔當監察商業機構的角色，但要求商業機構自律似乎是不切實際，商業機構很多時做的只是表面工夫，令外界以為它們履行了社會責任。對有可能造成傷害的事故，如工業意外、污染環境、製造有害的食品或產品等，政府必須立法監管。即使商業機構想負上社會責任，但管理層只是經濟方面的人才，缺乏道德和社會方面的專業知識，難以作出非商業的決定。

亦有人認為，資本主義全球化令貧富問題更加嚴重，那是富裕國家對貧窮國家的剝削。世界貿易組織（WTO）旨在移除自由貿易的障礙，並不關注公正與否的問題。當貧窮國家跟富裕國家競爭或合作時，前者往往處於劣勢，於是國際貿易只會加深全球經濟的不平等，令富國愈富，貧國愈貧。自由主義者會反駁說，通過國際貿易來增進經濟效益，產生更多的財富，才能令貧窮國家的人民受惠，當中包括創造就業機會及發展經濟。

雖然世貿的大部分成員國都是發展中國家，但主導議程的都是已發展的富裕國家如美國和日本，窮國的聲音往往被忽視。世貿也常被指責將經濟利益凌駕於環境保護、動物權益和人權保障之上。根據聯合國兒童基金會的統計，目前全球有四分之一的兒童是勞工，單是拉丁美洲國家海地，就有七萬名兒童過着悲慘的勞工生活。如果想遏止這種情況，禁止進口由童工製造的產品，就會違反世貿協議。根據世貿規定，一國可以禁止損害人體健康或污染環境的產品入口；但若造成傷害或污染的只是生產過程，則不容許禁止進口。這樣無疑會助長貧窮國家的污染問題，因為貧窮國家為了減低成本，增強競爭力，大多不理會生產過程中造成的污染問題。

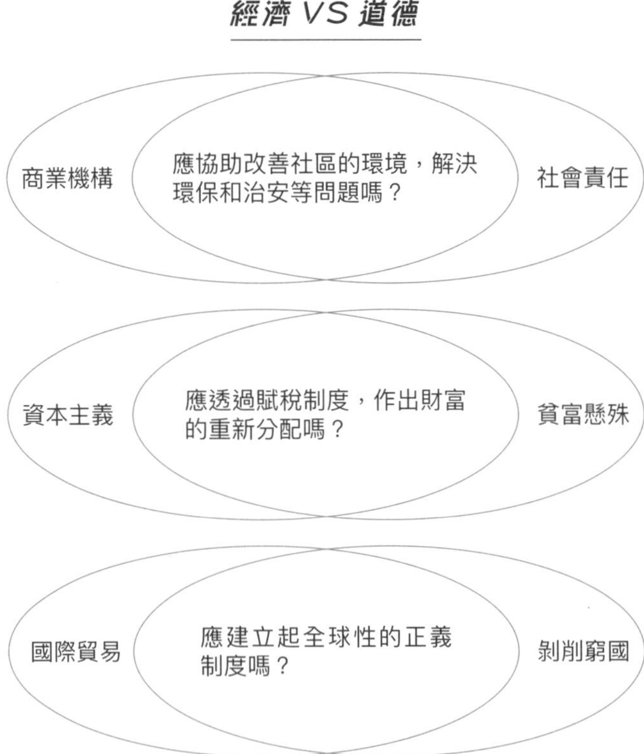

32 人工生殖

人工生殖屬於「生命倫理學」的範疇，此門學問的英文原名是 Bio-ethics，這個詞是由一位婦科醫生 Andree Hellegers 所創，他於 1971 年成立了 Kennedy Institute of Ethics（甘迺迪倫理學研究所），主要探討跟人工生殖有關的道德問題。人工生殖的原意是用來幫助那些不育的夫婦生產下一代，但也衍生出不少倫理問題。

人工生殖可以分為「有性生殖」和「無性生殖」兩種，「有性生殖」是用人工的方法令精子和卵子結合；「無性生殖」則毋須精子和卵子結合，是用複製（Cloning）技術生產下一代，這留待下一篇〈複製人類〉再討論。最簡單的人工生殖方法是「體內受精」，用人工方法令精子進入女性的陰道或子宮，使卵子受精。通常使用這種方法的原因是丈夫的精蟲不足，或由於其他原因不能跟妻子行房。有時妻子的輸卵管閉塞，卵子無法到達子宮，那就要使用「體外受精」的方法，用儀器將卵子取出，在試管內受精，然後再放回子宮，這種技術稱為 IVF（In-Virto Fertilization），俗稱「試管嬰兒」。為了增加受孕的成功機會，通常會令多個卵子受精，事後要遺棄多餘的受精卵，若把受精卵視為人的話，這就涉及殺害生命的問題。發明 IVF 的是英國科學家愛德華（Robert Edwards），由於他對人工生殖的貢獻，獲頒2010年諾貝爾醫學獎。但天主教教廷批評「體外受精」是不道德的，因為它切斷了性愛和生育的關係，違反了人類性愛的獨特價值。

如果丈夫有遺傳病或精子有嚴重問題，就需要使用第三者的精子，這稱為「他精受孕」，先用體外受精的方法，再將受精卵放回母親的子宮。這樣孩子就會有兩個父親，一個是血緣上的親生父親，另一個是法律名義下的父親，但孩子有權利知道親生父親是誰嗎？

如果是妻子的卵子有問題，那就要借助其他人的卵子，先用體外受精的方法，再將受精卵放回妻子的子宮培育。這也涉及孩子的權益問題，孩子有權利知道血緣上的母親是誰嗎？這些生殖方式會催生精子和卵子買賣的行業，美國已經有精子銀行的出現，成功人士的精子和卵子，售價也會高些。現時商業正在入侵以往並非市場的領域，「生育市場化」是一個很好的例子，本來孩子是上天的恩賜，生兒育女是天職，但這些價值正在被市場化所侵蝕。天主教認為，精子銀行、卵子市場、胚胎研究等的倫理問題都源於 IVF 的發明，愛德華可謂「罪人」。

如果是妻子的子宮有問題，或者不適宜懷孕，例如高齡或心臟負荷力有限，就要借用第三者的子宮來孕育下一代，以體外受精的方法使其懷孕，這稱為「代孕母」。代孕母分為兩種，一種只借出子宮，卵子來自委託人或其他人，胎兒跟代孕母沒有血緣關係；另一種不單借出子宮，還提供卵子，故胎兒跟代孕母就有血緣上的關係。從金錢上的關係來講，代孕母又可以分為兩種，一種是商業性質的代孕服務，代孕母會收取報酬，跟委託人簽署合約，確立雙方的責任和權利；另一種則是非商業的義務代孕，通常只有委託人的親友願意做。

代孕母會帶來更多的倫理問題。如果卵子來自委託人，孩子就有兩個母親，一個是經過懷孕把自己生下來的母親，另一個是血緣上的母親。如果卵子來自代孕母，代孕母根本就是這孩子的母親，這樣代孕母有沒有母親的權利呢？而孩子又有沒有權利知道自己的親生母親是誰呢？此外，這也可能涉及販賣嬰兒的問題，因為代孕母通常是收費的。還有更複雜的情況，就是卵子並非來自委託人或代孕母，而是第三者；那麼，孩子就有三個母親，養母、「生母」和血緣上的母親。

目前大部分國家都禁止代孕服務，有些國家則只容許非商業性的代孕，並有法例監管。至於香港，根據《人類生殖科技條例》，商業代孕是被禁止的，只有不能懷孕的合法夫婦才可申請非商業代孕，但必須使用該夫婦的精子和卵子。需要「代孕母」服務的夫婦，大多會選擇收費較相宜的東南亞國家。一旦代孕服務變成產業，若沒有相應的法規，就會產生很多問題，比如代孕母和孩子的健康狀況，若孩子有殘疾的話，買家可否「退貨」？又由誰來照顧這些有殘疾的孩子呢？

在英國，同性戀者或單身人士都有使用 IVF 的權利。有了他精受孕和代孕母的生殖科技後，生育就可從性行為獨立出來，男同性戀者可用代孕母的方法生產下一代，女同性戀者亦可以用他精受孕的方法得到子女。英國有一位女士使用他精人工受孕，得到了自己的孩子，建立一個名副其實的單親家庭。這些同性戀和單親家庭又會對現有的家庭制度造成甚麼衝擊呢？

人工生殖方法及倫理問題

<table>
<tr><th>不育原因</th><th>解決方法</th><th>倫理問題</th></tr>
<tr><td>1. 丈夫的精子不足，或有原因不能跟妻子行房</td><td>體內受精</td><td>生育可獨立於性愛行為嗎？</td></tr>
<tr><td>2. 妻子的輸卵管閉塞，卵子無法到達子宮</td><td>體外受精（試管嬰兒）</td><td>須棄掉多餘的受精卵，受精卵是人（或生命）嗎？</td></tr>
<tr><td>3. 丈夫有遺傳病或精子有嚴重問題</td><td>他精受孕（使用第三者的精子）</td><td>孩子有權利知道血緣上的父親嗎？</td></tr>
<tr><td rowspan="2">4. 妻子的子宮有問題，不能懷孕；或者身體狀況不適宜懷孕</td><td>代孕母 A（借助第三者的子宮）</td><td>孩子有權利知道代孕母親是誰嗎？</td></tr>
<tr><td>代孕母 B（借助第三者的子宮和卵子）</td><td>代孕母和血緣上的母親，兩者都擁有母親的權利嗎？</td></tr>
</table>

33 複製人類

你們這個家族很特別，你跟爸爸和爺爺的樣子很相像！

爸爸

爺爺

沒有甚麼特別，我們是用複製技術生產出來，DNA 是相同的。

複製人（Human cloning）是一種無性生殖，不用精子和卵子的結合，只需要一個身體細胞就可以將人複製出來；比起他精孩子、他卵孩子和代孕母，複製人會帶來更多倫理上的疑慮。不過，有很多對複製人的恐懼只是出於誤解，譬如以為就像用影印機「複製」文件那麼容易。目前的技術只能複製 DNA，複製人跟普通人一樣要在子宮內培育，經歷出生和成長，複製人就像是跟複製者有着年齡差距的雙生兒，由於出生時間和成長環境的差異，複製人跟被複製者的分別比起雙生子要大得多，比如複製愛因斯坦的 DNA 不會輕易地得到另一個有相同想法和創見的愛因斯坦。

複製技術並不算是甚麼高科技，不難掌握，俗稱「飛碟教」的雷爾運動教派（Raelian movement）就於 2002 年宣佈製造了首個複製人，但沒有公佈其身份。而現在大部分國家都已立法禁止複製人類。有人擔憂若大量複製的話，就會出現很多基因相同的人，降低了基因的多元性，不利於人類的生存；或者擔心獨裁者會複製一支完全聽命於他的軍隊，就像《星球大戰》電影裏的帝國士兵。我認為後者的擔心有點過慮，大量複製即是大量生育，這需要龐大的資源；但現在正是人口過剩、能源短缺的時代。最有可能使用複製技術的還是不育的夫婦，比如說其中一方的遺傳基因有問題，但又不願意使用第三者的精子或卵子，那就可以複製自己或伴侶成為子女。那麼，又是否容許父母複製死去的子女呢？但這樣有可能令複製人活在別人（被複製者）的陰影下，產生身份認同的問題。

複製人主要面對兩個問題，第一個是健康方面，因為用作複製的細胞已有一定的年歲，DNA 有所損壞，故複製人就跟複製羊 Dolly 一樣，會有早逝的問題。第二個是心理方面，雖然說複製人跟被複製者就像是雙生子，但雙生子是對等關係，複製人和被複製者卻不是，更像是一種從屬關係，因為通常被複製者是複製人的家長，被複製者可能會對複製人有着特別的期望。比如說，被複製者是一位籃球健將，他很可能期望複製出來的兒女也跟自己一樣成為籃球健將，這就有損複製人的自主性。

人工受精將性行為和生殖割裂，代孕母則將生育和養育割裂；而複製人更進一步，切斷了性和生殖的關係。複製人所產生的問題會更加複雜，首先，複製人有可能包含了代孕母，如果單身男性或男同性戀者想複製自己作為兒子，他就一定需要代孕母的幫忙；換言之，代孕母所產生的問題在複製人層面也可能會出現。另外，複製人會影響原有的倫理關係，譬如用丈夫的細胞複製孩子，名義上這是丈夫的兒子，但從基因的角度看，這像是跟丈夫有着年齡差距的雙生兄弟；若用妻子的細胞來複製的話，這個女兒也可以說是跟妻子有年齡差距的雙生姊妹，這樣會否造成人倫關係的混亂呢？就好像代孕母可能會出現的倫理問題，例如母親為女兒代孕。

複製人技術有可能會改變未來的家庭模式，就是不需要結婚，也可以用複製得到孩子，建立名副其實的「單親家庭」。有人擔心這將會導致家庭制度的崩潰，複製人令「家庭」的觀念消失。這讓我想起柏拉圖的「理想國」，那裏沒有家庭制度，孩子也不知道自己的父母是誰，所有孩子都是由國家撫養。人工生殖開啟了社會實驗的可能性，廢除「家庭」會是人類未來發展的方向嗎？還是家庭制度對孩子的成長才是最有利呢？

從歷史的角度看，人類社會其實一直不停地改變，就以家庭為例，我們是從母系家庭轉變為父系家庭，由傳統的大家庭到現代的核心家庭，現在出現的人工生殖技術，或許亦是人類社會演進的另一個契機。不過，有人認為，科技應該用來滿足我們的需要，不是滿足慾望；需要是合理的，慾望卻是無窮，會產生濫用或誤用的問題。但問題是，如何區分需要和慾望呢？舉例說，女性為了避免懷孕對其事業的影響，於是使用代孕母的生殖方法，這是需要，還是慾望呢？至於複製死去的寵物或孩子又怎樣呢？看來有時並不容易區分，對某人來說是需要，但在另一個人眼中卻是慾望。

複製人衍生的問題

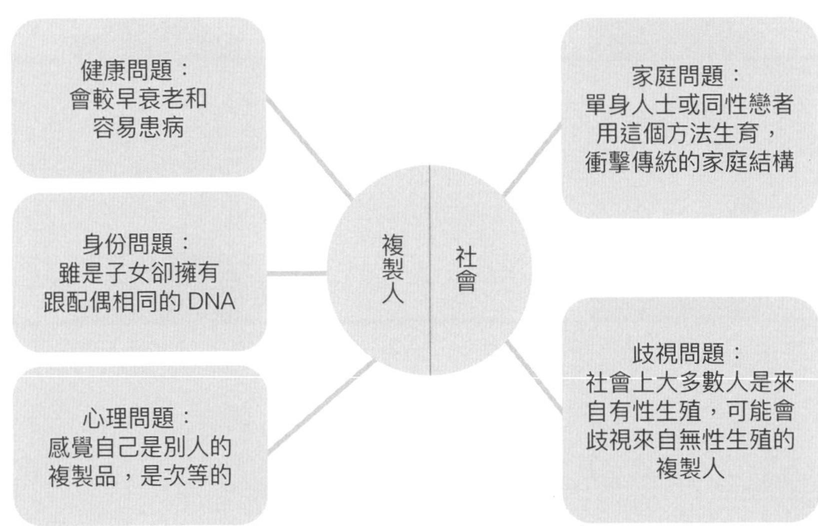

34

基因改造

基因技術可以創造出新的物種。
科學家

扮演上帝的角色
是很危險的！
神學家

為甚麼？
科學家

人類缺乏上帝的智慧，
又不像上帝般全善，一
定會產生可怕的後果。
神學家

怕甚麼？人不就是由
上帝創造出來嗎？
科學家

神學家

在 1953 年，劍橋大學的科學家克里克（Francis Crick）和華生（James Watson）發現了基因的分子結構，亦即是 DNA，物種的生理特徵就是由 DNA 所決定的。後來華生寫了《DNA ：生命的秘密》一書，認為只要認識 DNA，就可以解開生命之謎，自此科學界就開展了對基因的研究。1990 年更在美國政府主導下開始了人類基因組計劃（Human Genome Project），目的是確定人類 DNA 的序列，找出每個基因的功能。

目前基因技術已經用於食物和醫療方面，對食用的動物和植物進行基因改造，提升其品質。例如有高營養價值的牛肉、能夠抵抗疾病或害蟲的穀物等，改善品質後用複製技術大量生產，這樣我們便可以享用營養價值高且便宜的食物。至於醫療方面，譬如現已製造出醫治糖尿病的胰島素，方法是將人類胰島素的基因剪輯在大腸桿菌的 DNA 上，這樣大腸桿菌就能生產出胰島素，質量和產量都比動物胰島素好。科學家亦開始研究出人造基因，植入白老鼠體內能增強其肌肉，相信日後可以用來醫治肌肉萎縮症。科學家也成功從果蠅身上研究出一種跟記憶有關的基因，將之注入白老鼠的胚胎，從而製造出記憶力特強的白老鼠，相信這種基因能夠醫治「失智症」。

可是，一旦基因改造跨越了醫療的界線，以「改善」為目標的話，就可能會產生不少問題。例如運動員使用基因改造的技術，增強體能，以求勝出比賽；或是學生以此提高智能，爭取更佳的學業成績。

這可能會破壞運動和學業成績的價值，我們之所以向優勝運動員授予榮譽，就在於他需要艱苦練習和堅強意志才能取得成功；學業成績也反映了我們的努力、智力及時間管理的能力。

2018 年，中國科學家賀建奎在香港發表研究報告，他使用基因編輯技術，對雙胞胎的胚胎細胞進行 CCR5 基因改造，令這對雙胞胎對愛滋病產生免疫力[1]，但此舉招來了科學界的共同譴責，原因是我們對這個基因的認識並不充分，或許它還有其他功能，貿然剪輯這個基因可能會危害嬰兒的健康；另外，現在我們已經有足夠的措施防止愛滋病帶菌者將病毒傳染給下一代，根本不需要使用基因剪輯這個極具風險的方法。

假設現在我們已經解開了基因之謎，認識基因的功能及它們相互之間的關係，而基因改造的技術也成熟；那麼，我們是否就可以編輯人類的基因，生產智能和體能都優質的孩子呢？有人認為，如果可以「訂造」孩子的話，孩子彷彿就成為了工具，有損人的尊嚴；而且排斥了孩子有其他人生計劃的可能性。例如父親希望兒子成為籃球明星，於是將孩子設計為八尺高，但可能孩子真正想做的是騎師，這就會削弱其自主性。社群主義哲學家桑德爾指出，孩子本來是一種恩賜，就像是一份來自上天的禮物，孩子的特質不可預知，父母對孩子關愛的一種表現方式就是認識孩子的潛能，並幫助他發展；但基因改造將孩子變成了產品，父母可以根據自己的喜好訂造心儀的孩子，孩子的特質早就知道，父母對孩子反而會變得冷漠，

1　編按：據了解，CCR5 基因改造只是阻截了感染某一型愛滋病毒的途徑，並未對愛滋病獲得完全免疫力。

損害了親子之情，社會上也少了對「缺憾」和「差異性」的理解和包容。還有，一旦容許基因改造，反而會增加父母的責任，因為父母要為孩子是否進行基因改造，或做出甚麼樣的基因改造作出選擇，弄不好的話會遭到孩子埋怨。

我對基因改造的效能十分懷疑，即使是天賦極高的人，也要經過後天的不斷努力才會有所表現，故基因只有一定程度的決定性。也許基因改造可以消除人類生理上的缺憾，卻無法消除性格上的缺點，如自私、嫉妒、自大，缺乏同情心等。我認為，至少人的品德不是基因可以決定的，人要經歷成長，在社會中跟他人互動，才能發展出好的品德。

現在已經大致完成測定人類基因組的序列，下一步就是確定每個基因的功能。一旦我們解開了 DNA 的秘密，在一個人未出生之前，就可以預知他先天上的健康狀況。例如有沒有遺傳性的疾病？患上某種疾病的機會有多大？這樣就可以做好預防和治療的工作。相信隨着科技的進步，基因測試的費用將會大大降低，變得像現時驗血那樣普及。為了市民的健康，政府可以強制人們進行基因測試嗎？政府或僱主有沒有權知道你的檢測結果呢？這涉及私隱問題。買保險時需要提交基因檢測報告嗎？如果基因檢測報告顯示你患某種疾病的機會率很高，那保險公司可否要求你繳交較高的保費，甚或拒絕受保呢？基因改造也可能會導致基因歧視的問題，正如過往我們有性別歧視和種族歧視一樣。

基因改造的好處

生兒育女

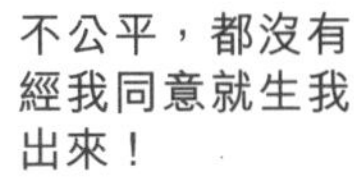

其實你還在我肚子裏時，我就問過你想不想出生，只是當時你沒有回答，我就當你是同意了。

香港政府為了提高生育率，於 2023 年推出政策，每一胎出生，就有二萬元的新生嬰兒獎勵金，而且更可獲優先安排公營房屋。不知道政府這個措施能否生效，我更關心的是為甚麼現在的夫婦不願意生育？過去由於缺乏有效的避孕方法，所以不少家庭都育有很多子女，我小時候有一戶鄰居就是一家十四口，真的可以組織一支足球隊。中國傳統是農業社會，所謂人多好辦事，而且有着「積穀防饑，養兒待老」的觀念，當然是生得愈多愈好；但現代社會的情況大大不同，養兒育女的成本十分昂貴，這也是為甚麼現代人不願意生育的主因。無論是傳統還是現代社會，生育都離不開成本效益的考慮。

在一次茶敘中，有人說現代人只顧自己，不願意生育，實在是太自私了。我認為這種說法其實扭曲了「自私」這個概念，生了孩子卻不理會才算是自私；不願生孩子背後有很多原因，即使是為了個人利益而不打算生孩子，也不能叫做「自私」。另有人認為，若所有人都不生孩子，人類就會絕種，所以不生孩子是不道德的。「若所有人都不生孩子，人類就會絕種」這句話是真的，但由此推論不出「不生孩子就是不道德」這個結論。說人類絕種還是太遙遠，出生率低的直接後果是影響經濟，因為勞動人口不足，有很多工作沒有人做，好像日本這些高齡化的社會就更嚴重，若不放寬移民政策，十幾年之後經濟就會出現大問題，相信這亦是港府現在鼓勵生育的主要原因。

除了生兒育女的成本昂貴之外，有人認為不生育是不想下一代受苦。人生充滿痛苦似乎是老生常談，由於人的身心結構和世界的狀況，人生注定是苦多樂少，但也不見得現在比以前有更多痛苦；當今世界的確充滿危機，先不論環境污染的問題，執筆之際俄烏戰爭尚未結束，以色列和巴勒斯坦的衝突又起，很多人都擔心這是第三次世界大戰的前奏。如果說現代人比傳統社會的人更感受到痛苦的話，原因可能跟個人主義和享樂主義有關，老一輩的人都愛說時下年輕人吃不了苦。「不生育是不想下一代受苦」這種思想也反映出現代和傳統社會的另一個差異，就是現代人感覺到養育子女的責任很大，傳統社會基本上沒有「兒童」這個概念，只有未成年的人；隨着社會現代化，我們才認識到「兒童」是人類成長的一個獨立階段，兒童有其獨特的心理需要（如安全感和自尊心），也大大增加了父母的責任感。

如果人生真的是痛苦大於快樂，那生育下一代不就是製造更多的痛苦嗎？有一部電影叫做 *Capernaum*（港譯《星仔打官司》），講述生活在黎巴嫩的男孩 Zain 起訴父母，罪名就是把他帶到這個充滿痛苦的世界。相信不少人都會抱怨自己的父母，為甚麼家境這麼貧困還要生孩子，讓自己受苦。不過，痛苦也不是毫無意義的，有時不經歷痛苦，就不能體會快樂的價值；正如患了病才會知道健康的可貴，而且有些痛苦對我們的成長也很重要。

我結婚時並沒有生育的打算，當時一位朋友常勸我生孩子，說甚麼天倫之樂的話；後來我和太太意外地有了孩子，體會到一些更有價值的東西，那就是作為父母的意義和身份。的確，沒有孩子，那就少了很多憂慮，也少了束縛，也許整體人生會快樂一些；但就不能體會到作為父母的意義和身份，有時看見自己的女兒，就好像看到過去的自己，是一種很特殊的體驗。

至於教導小孩，我也沒有甚麼心得，不過是老生常談——身教重於言教。如果給小孩發現你言行不一，那就是一個壞榜樣；我最怕見到的那些當眾訓斥小孩的父母。其實如何教導小孩，端視乎你所擁有的資源，這不限於金錢，文化和社會背景都是資本。比如低下階層比較着重於行為的後果，故多以訓斥的角度來教導，可能還有體罰；中產階級則重視行為的動機，以理解和勸導為主。當然，後者的教導方法較好，但要前者作出改變，亦有些困難。因為工作背景的關係，勞工階層的人很可能不善於運用語言，在教導子女方面欠缺說理的能力，就只好注重懲罰。我時常有一種感嘆，那就是父親在孩子心目中的地位，往往會經歷一番興衰，特別是低下階層的父親，子女小時候會覺得父親很厲害；但孩子上了學之後，就會發現父親其實有很多東西都不懂。

勉強地說，我可以說是採用「放任自由」的教導方式。當然，不可以毫無規矩，如規定睡覺前要刷牙、晚上十點前要睡覺等；但若太多規矩，就看不到孩子自發和活潑的一面，我認為這是十分珍貴的。我沒有特別要教女兒甚麼東西，只是偶爾教她做功課。雖然我是畫畫的人，卻沒有教女兒，而她喜歡繪畫的原因可能就是見到我經常在畫。不過，我發現自己有一個問題，就是補償心理，比如我小時候沒有看過電影或去旅行，於是就經常帶女兒去看電影和旅行。

亞里士多德談家教

我最欣賞亞里士多德在教導孩子方面的智慧。

亞里士多德的說法	筆者的看法	具體做法
給年幼的孩子培養良好習慣	重要的是「自理」和「禮貌」這兩方面的習慣	小孩子很喜歡聽故事，所以用故事來說理，或者以故事中的人物做榜樣，是很好的教導方法
給年長的孩子說理	說理不只是講道理，也包括討論，現在八九歲的孩子已具備思考和論辯的能力	

36 人工流產

如果我有出生權的話，
也應有不出生權。
胎兒

出生權是 inalienable，
不可以放棄的。
上帝

不可以放棄的權利就
不是權利，而是義務！
胎兒

時間到了，還在囉嗦甚麼，
快出生吧！
上帝

有人認為「墮胎」一詞有負面含意，應改為中性的「人工流產」，不過，為了行文方便，這裏還是依舊使用「墮胎」。墮胎的問題雖然自古已有，但由於科技的進步，令墮胎手術變得更快捷方便和安全，所以墮胎宗數也比以前大大增加。為方便討論，我將墮胎定義為「自願終止懷孕」；至於強迫終止懷孕就不在討論範圍之內，因這是違反母親的意願，明顯是不道德的，除非有非常特殊的原因。

墮胎問題的主要爭議就是「胎兒算不算是人？」如果胎兒算是人的話，那墮胎即是殺人，那就是不道德；如果胎兒不是人的話，墮胎就不是殺人，那就沒有這麼嚴重。不過，懷孕是一個持續的過程，有不同的階段，真正精準的問題可能是「究竟到哪一個階段才算是人呢？」

有人認為，當卵子受精的一刻就已經是人，因為它已擁有人的DNA；有人則認為懷孕第二週起才算是人，因為受精卵成功「着床」，從母體吸收營養；也有人認為第八週才是人，因為可以探測到胎兒的腦電波，既然現在我們是用「腦死」來定義死亡，也應該用同一個標準來定義生命；亦有人認為第26週才是人，因為這時胎兒被移出母體也可獨立存活；當然，還有人堅持出生的一刻才算是人。總之，不同的階段都有人主張這才是人類生命的開始。

胎兒在哪一懷孕階段才算是人？

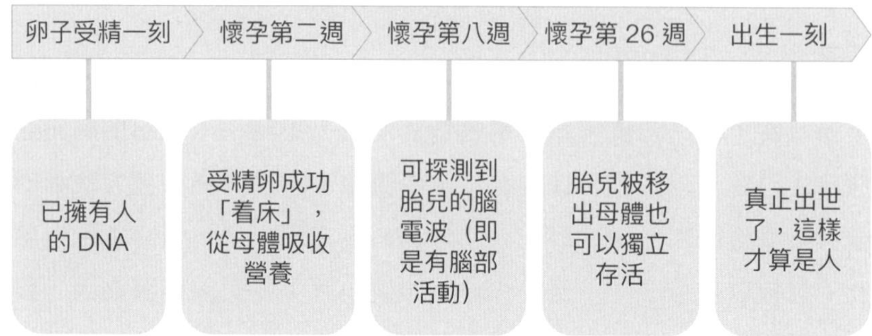

但怎樣才算是人呢？美國女哲學教授華倫（Mary Warren）在〈論墮胎的道德和法律地位〉（*On the Moral and Legal Status of Abortion*）一文指出，「人」是有歧義的，胎兒只是生物學意義上的人（Human），因為擁有屬於人的遺傳基因；但並非道德意義下的人（Person），不是道德主體。當我們說「殺人是不道德」時，這個「人」是指道德主體。那麼，具有甚麼條件才能成為道德主體呢？華倫提出五個標準：一、感知能力；二、思考能力；三、自我意識；四、自我控制；五、溝通能力。人需要學習，才能發展出這五種能力；因此，「成為人」是一個社會化的過程。很明顯，根據以上標準，胎兒並不是道德主體，因為胎兒至少不具備思考能力和自我意識。然而，按華倫的說法，莫說胎兒不是「人」，就連初生嬰兒、昏迷的病人（植物人）、嚴重弱智人士等都不算是「人」了，但殺害他們是道德上容許的嗎？

如果我們取得共識，比如說懷孕滿三個月才算是人，不足三個月就不算是人，這就代表解決了墮胎的爭議嗎？即三個月之後墮胎是不道德，三個月之前則道德上容許？事情並沒有這麼簡單，因為即使我們同意某個階段的胎兒已經算是人，擁有生命權利，但仍可爭論母親的自主權是否大於胎兒的生存權。例如另一位美國女哲學教授湯姆森（Judith Thomson）在論文〈為墮胎辯護〉（*A Defense of Abortion*）中主張，即使胎兒是人，擁有生命權利，但懷孕女性並沒有義務讓胎兒佔用自己的身體，或必須把胎兒生下來。如果女性願意生下來，那當然是好事，但終止懷孕只是女性行使對自己身體的自主權而已。

美國哲學教授馬桂思（Don Marquis）則提出，即使胎兒未算是人，仍可以說是「潛在的人」（將來會發展成為人），而一個「潛在的人」也擁有生命權利。馬桂思在論文〈對「墮胎是錯誤」的論證〉（*An argument that abortion is wrong*）中說，殺人之所以在道德上是錯誤，並不在於為該人帶來痛苦，而是剝奪了該人的「將來」，墮胎就是剝奪了胎兒有價值的將來。不過，華倫認為，「潛在的人」不應擁有人的權利，正如一位候任總統也不應享有總統的權利，即使他將會成為總統。但如果我們認為人的生命是重要的話，亦應盡量保護「潛在的人」的生命，而最佳的保護就是賦予生命權利。比如孕婦受到襲擊，傷害了胎兒，可以控告施襲者傷害胎兒罪。

雖然胎兒享有生命權利，但權利並不是絕對的，當兩個權利有衝突時，我們就須要判斷何者優先。一般認為當胎兒威脅到母體的生命時，在道德上是容許墮胎的；對未成年的懷孕少女來說，身心均未能應付生育，亦允許墮胎。至於因姦成孕，女方是在不自願（甚至不合法）的情況下懷孕，所以對胎兒並沒有責任，繼續懷孕亦只會加深她的痛苦，將來嬰兒也很有可能得不到妥善照顧，在這種情形下，女性的自主權大於胎兒的生命權，也是容許墮胎的。不過，以上情況加起來都不及全球墮胎總數的十分之一，大部分人選擇墮胎的真正目的，只是為了逃避做父母的責任而已。根據香港法律，只要有兩名醫生同意繼續懷孕會對孕婦的生命、身體或精神健康造成很大傷害，或產出的嬰兒將因身、心不健全致嚴重殘疾，就可以進行墮胎，換言之墮胎可謂是半合法化了。

四種哲學理論看墮胎

哲學理論	看法
效益主義	如果整體快樂大於痛苦，墮胎是應該的。
康德倫理學	如果胎兒算是人，則墮胎是不道德的。
自由主義	如果胎兒擁有生命權利，墮胎便是（胎兒）生命權和（孕婦）自主權的衝突，應藉着不傷害原則和公共利益來判斷何者優先。
女性主義	懷孕是對女性的束縛，墮胎是行使女性的自主權，免受父權的宰制。

37 殺人填命

在古代社會，不只是殺人罪，其他較輕的罪行都可判處死刑，像蘇格拉底就是因為「不敬神」和「敗壞青少年」而被判死刑服毒。這算是好死了，因為死刑還有不同的形式，有些是非常殘酷，例如中國古代就有車裂、凌遲、斬立決等可怕的刑罰。十八世紀的啟蒙運動開展出死刑存廢的爭論，1764 年意大利人貝卡利亞（Cesare Beccaria）首先主張廢除死刑，並收錄在法國大革命後的《人權宣言》中，自此開始了廢除死刑的運動，現在歐洲地區已全面廢除死刑。1989 年聯合國通過了《旨在廢除死刑的〈公民權利和政治權利國際公約〉第二任擇議定書》，很多國家都加入了該協定。

反對死刑有兩個主要理由，一個是「生命權利」不容侵害，但生命權利並不是絕對的。例如自衛殺人或協助防衛殺人都是道德上容許的，支持死刑的人認為，那些主動侵害生命權利的人本身就喪失了生命權利。反對死刑的人則指出兩者有本質上的差異，之所以允許自衛殺人或協助防衛殺人，理由是可以阻止施襲者傷害自己或他人的生命；但死刑並沒有這個功能，因為罪犯已經被捕，即時的威脅得以解除。另一個反對死刑的理由是「人性尊嚴」，殺害一個人就是剝奪了人的尊嚴；但「人性尊嚴」也可以用來支持死刑，康德就認為由於人有自由意志，所以人要為自己的罪行負責，犯了殺人罪就得判處死刑，這樣才可以維護罪犯的尊嚴。

要討論死刑的合理性，就得先審視刑罰的理據，主要有三種理論：報應論、阻嚇論和改過論。根據報應論，刑罰建基於正義，犯了罪就得接受懲罰，正所謂「殺人填命」，所以報應論是贊成死刑的。阻嚇論則認為，刑罰的目的是阻嚇人犯罪，保障市民的生命和財產，這也是刑罰能夠打擊罪案的原因；由於死刑有很大的阻嚇作用，所以阻嚇論也是贊成死刑的。改過論認為刑罰目的是為了令罪犯改過，重新做人；但如果判處死刑的話，那罪犯豈不是失去了改過的機會嗎？所以，改過論是反對死刑的。

反駁報應論的主要理由是有機會判錯案，死刑是無法挽回的刑罰，若誤將無辜者判處死刑，那就是違反正義，也正好違反報應論的理據。不過，我認為這是混淆了報應論的理據和司法的正義，司法系統是一種不完美的正義程序，雖然我們知道甚麼是正義的結果，那就是將有罪的人判有罪，無罪的人判無罪；但司法程序無法保證一定會達致這樣的結果。其次，我們也不一定要嚴格遵守「以眼還眼、以牙還牙」這個報應原則。例如要懲罰強姦犯，就一定要反過來強姦他嗎？我們只需要刑罰的輕重跟罪行嚴重性成正比；換言之，所犯的罪愈重，所得的刑罰就愈重；殺人雖是重罪，但判處終身監禁已足夠。不過，贊成死刑者亦可堅持死刑是比終身監禁更嚴重的刑罰，正好對應嚴重罪行，如果殺人還不算嚴重的話，那麼連環殺人犯、侵略戰爭或種族清洗的發動者也應該夠資格被判處死刑。

冤罪對於報應論是一個有力反駁，但對阻嚇論來說就不是那麼有力。阻嚇論的基礎是效益主義，即是根據行為的後果判斷對錯，若死刑帶來的整體快樂大於痛苦，則死刑是合理的；若死刑帶來的整體痛苦大於快樂的話，則死刑必須廢除。當然，除了阻嚇力之外，我們也要考慮其他後果，比如對受害者家屬及罪犯家屬的影響；不過，若死刑真的有阻嚇力，那就可凌駕於死刑帶來的痛苦，所以關鍵還是死刑是否有阻嚇作用。即使將冤獄造成的痛苦計算在內，若死刑有阻嚇力，就能拯救生命，其帶來的整體快樂仍然大於痛苦。然而，對於報應論來說，即使死刑沒有任何阻嚇力，死刑還是必須存在的，因為那是合乎正義。

根據社會學家海格（Ernest van den Haag）的研究報告，自從紐約廢除死刑之後，六年間謀殺率上升了 60%，而廢除死刑前的謀殺案中有 80% 是激動下殺人，廢除死刑後則降至 50%；換言之，廢除死刑後非激動下殺人增加了很多，有理由相信死刑對於激動下殺人沒有甚麼阻嚇力，由此亦可推論出死刑對於非激動下殺人有明顯阻嚇力。但是，謀殺率其實受很多因素所影響，即使死刑的存廢跟謀殺率有關連，也不表示兩者有很強的因果關係，也有可能它們是由同一個原因所造成。此外，有人認為刑罰的阻嚇力跟被捉拿的機率有更大關係，例如有些地方雖規定犯了貪污罪就會判死刑，但貪污仍然很嚴重，就是因為被捉拿的機率很低。

大部分被判死刑的罪犯都是窮人或低下階層，所以有人說死刑是對窮人的歧視。不過，「多數死囚是窮人」是事實判斷，「死刑對窮人不公平」則是價值判斷，一般來說，由事實判斷是推論不出價值判斷。即使是不公平，或許只能說司法制度對窮人不公平，並非死刑本身，故我們應該盡量改善司法制度，而不是廢除死刑，否則就干犯了「錯失重點的謬誤」。

贊成 VS 反對死刑

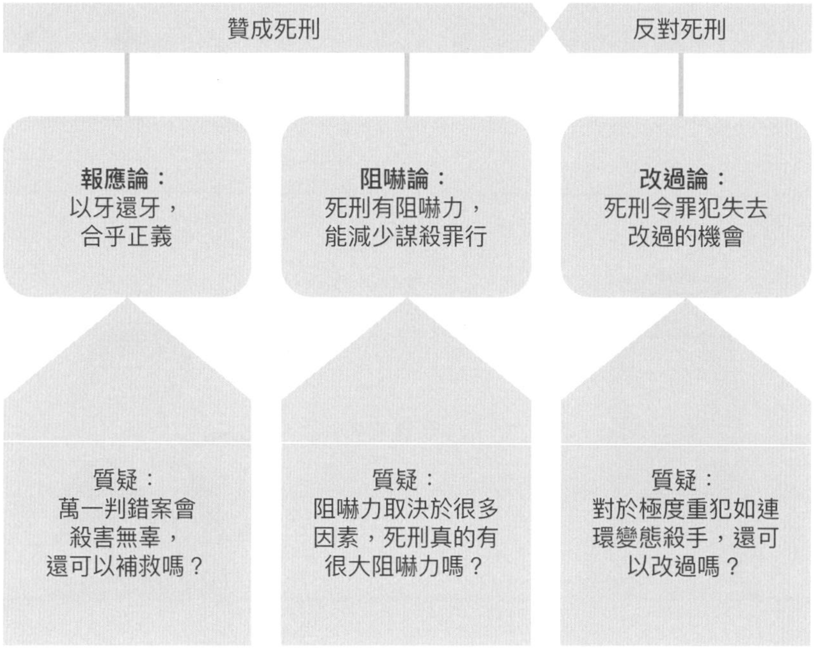

贊成死刑 | 反對死刑

報應論：
以牙還牙，
合乎正義

質疑：
萬一判錯案會
殺害無辜，
還可以補救嗎？

阻嚇論：
死刑有阻嚇力，
能減少謀殺罪行

質疑：
阻嚇力取決於很多
因素，死刑真的有
很大阻嚇力嗎？

改過論：
死刑令罪犯失去
改過的機會

質疑：
對於極度重犯如連
環變態殺手，還可
以改過嗎？

38 自我毀滅

不可以自殺！
為甚麼？
上帝
自殺者

因為你的生命是我賜予的。
上帝

既然是給了我，那生命就是屬於我的，我就有權處理。
自殺者

從動機上我們可將自殺區分為兩大類，一類是「為己自殺」，另一類是「利他自殺」。前者是為了解除自己的痛苦而自殺，例如身患頑疾；後者則是為了解除他人的痛苦而自殺，比如說犧牲自己拯救他人的生命。當然，大部分自殺都是「為己自殺」。有些自殺似乎難以歸類，如極端伊斯蘭教徒的自殺式襲擊，他們不是為了解除個人的痛苦，所以不算是「為己自殺」，只是為了實現某種價值而犧牲自己；但必須傷害無辜者，也不是「利他自殺」。還有，儒家講的「殺身成仁」亦不一定有利他的成分。例如明末史可法抵抗清兵，城破被俘，史可法不肯投降，欲殺身成仁不果，反而觸怒清軍，惹來屠城之災，這種「殺身成仁」的行為有殉道的意義。在西方哲學史上，蘇格拉底被視為殉道者，但他算是自殺嗎？儘管他是服毒而亡，但這是法庭的判刑；他其實有逃走的機會，卻甘願服刑受死，又似乎稱得上是自殺。二世紀時的基督教神學家特土良（Tertullian）就認為耶穌是自殺而死，因為耶穌明知進入耶路撒冷必死無疑，但仍然決意這樣做；當然，耶穌這樣做的目的是為了拯救世人，屬於「利他自殺」，亦是「殉道式自殺」。

一般我們會讚揚「利他自殺」或「殉道式自殺」，而「為己自殺」則存在爭議性，為了方便起見，以下讓我將「為己自殺」簡稱為自殺。很多人自殺都是源於感到人生毫無意義，或失去人生意義；但自殺還可以有別的原因，如一時衝動自殺、畏罪自殺、以死明志、用自殺來報復等等。在執筆這段期間，短短三個月之內（2023 年 8 月到 10 月），香港竟然有多達 22 名學生尋短，數字是對上一年同期的一倍，看來自殺有年輕化的趨勢。或者有人認為，這些年輕人遇到的問題其實都可以解決，並沒有尋死的必要；但這是否表示，若問題真的不能解決（比方說人到了絕境）就可以自殺呢？這裏涉及自殺的合理性問題。有人說自殺損害了人的尊嚴，但亦有人指出自殺反而彰顯人的尊嚴，因為這是人類自決的表現，這裏又涉及自殺的道德問題。

自殺是非理性或違反理性嗎？以那些因為失戀、失業或財困而自殺的人為例，雖然他們當下有生不如死或身處絕境的感覺，但其實痛苦是短暫的，如果沒有自殺的話，往往過了一段時間情況就會好轉，當初只是在強烈的情緒下作出了愚蠢決定，所以自殺是不理性的。不過，並非所有自殺都是如此，以患了絕症的病人為例，他們的情況不但不會好轉，而且還會不斷惡化，身心承受着極大痛苦；那麼，若這些病人選擇自殺，就合乎理性嗎？又例如患了失智症的病人，他們的病情只會愈來愈嚴重，最終甚至完全喪失照顧自己的能力，其生存成為了別人的負擔，如果他們在患病初期，趁自己還有自決能力時了結生命，這又是否合乎理性呢？

自殺是違反道德嗎？古希臘哲學家如柏拉圖和亞里士多德都反對自殺。柏拉圖在《斐多篇》中提出，因為人的生命屬於神，人對神有責任，所以不可以自殺。亞里士多德於《尼各馬可倫理學》一書中明言，由於人受惠於社會，所以人對社會有一定的責任，自殺就是逃避責任。早期基督教並沒有否定自殺，直到四世紀時的基督教神學家奧古斯丁才對自殺作出嚴厲譴責，因為當時有不少信徒冀透過自殺早些進入天國，甚至付錢給人殺掉自己，奧古斯丁遂引用十誡中的「不可殺人」來反對自殺——由於自己是人，所以不可殺人也包括不可殺自己。其後奧古斯丁的思想成為主流，自殺便成為了重罪。十三世紀的神學家阿奎那在《神學大全》一書中總結了以上三個反對自殺的理由。還有十八世紀的大哲學家康德也反對自殺，他認為義務來自人的理性，人必須履行義務，而生存則是人最基本的義務，因此自殺是錯誤的。

思想家們對自殺的看法

哲學家	傾向	主張
柏拉圖	反對	因為人的生命屬於神，人對神有責任，所以不可以自殺。
亞里士多德		人受惠於社會，因此人對社會有一定的責任，自殺就是逃避責任。
奧古斯丁		十誡之一「不可殺人」，自己也是人，故不可殺自己。
康德		義務來自人的理性，人必須履行義務，而生存則是人最基本的義務，因此自殺是錯誤的。
塞內卡	不反對（即道德上容許）	如果生命的質素太低，客觀上不值得我們活下去，就有自由選擇自殺。
愛比克泰德		如果人的痛苦大到不能忍受時，那就是放棄生命的時候。
休謨		上帝給予人自由意志，即使上帝賦予我們在世的職責，但當人活在痛苦和悲慘之中，那就是上帝召回我們的時候了。
薩斯		人有自由選擇自己的死亡。

所謂贊成自殺並不是主張人應該自殺，而是說自殺是道德上容許的。斯多葛學派便贊成自殺，塞內卡的《道德書信》其中一篇就是討論自殺，他認為人雖然飽受命運的作弄，身不由己，但有選擇死亡的自由，因為生命的質素比生命本身更重要，如果生命的質素太低，客觀上不值得我們活下去的話（例如患了重病，或是被敵人折磨），人就有自由選擇自殺。愛比克泰德用一個比喻說明自殺的合理性：「如果房間內有煙，只是少量的話，則我們仍然可以留在房間；但如果煙太多，我們就可以走開。」生命也一樣，如果痛苦大到不能忍受時，那就是放棄生命的時候。

另一位贊成自殺的哲學家是十八世紀的休謨（David Hume），他在〈論自殺〉一文中回應了阿奎那反對自殺的論證。休謨認為，上帝創造了這個世界之後就再不管人間的事，上帝訂立了自然定律讓世間運作，並給予人自由意志，由人自己作決定，即使上帝賦予我們在世的職責，但當人活在痛苦和悲慘之中，那就是上帝召回我們的時候了。來到現代，精神病學家薩斯（Thomas Szasz）也在著作《自殺的權利》（*Fatal Freedom: The Ethics and Politics of Suicide*）中主張人有自由選擇自己的死亡。

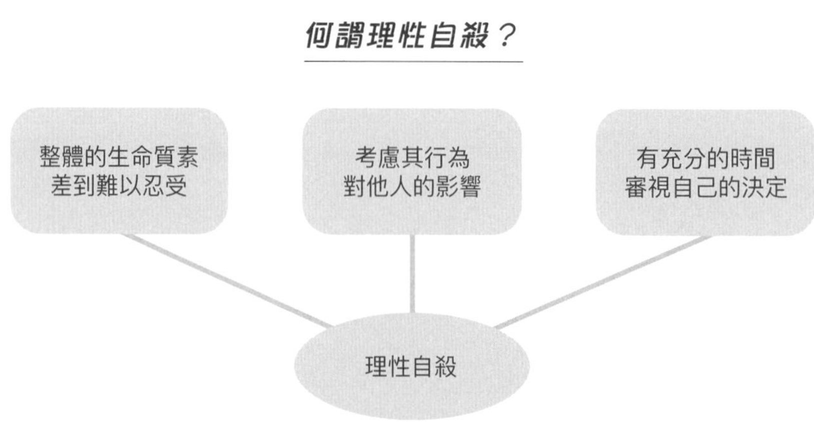

死得安樂

其實「生於憂患，死於安樂」的意思是「人在憂慮和困境中才會發奮圖強，但一旦擔於安逸，就會消亡不振」，跟「安樂死」可謂毫無關係。安樂死一詞是翻譯自英文的 Euthanasia，意思是美好的死亡。既然人難逃一死，如果能夠無病痛地安詳死去就最好了。在〈黃金定律〉（P.40）這一篇提到日本電影《守護天使的失格》，講述一位護理員為解除年老失智症病人及其家屬的痛苦，於是用毒針結束了該病人的生命。這是一部話題之作，針對的是老齡化的社會，電影似乎透露出安樂死是解決問題的方法，也令我想起多年前的另一部日本電影《楢山節考》。

隨着醫學的進步，人類的壽命也愈來愈長，但患病的老人亦愈來愈多，要求安樂死合法化的呼聲正在增加中，香港也有斌仔爭取安樂死的故事，他還寫了一本書叫做《我要安樂死》。但甚麼樣的病人才有資格安樂死呢？簡單來說，病情愈嚴重，安樂死的爭議性也愈少，而大致上病情可分為三種：第一種是垂死；第二種是患了絕症，短期內會死亡；第三種是重病，例如癱瘓、精神病和失智症等，雖然病情不足以致死，但病人或其家屬在身心上要承受極大痛苦。

為一清眉目，我們先將安樂死分類。根據病者的意願，安樂死可分為三種：自願、非自願和不自願。自願即是當事人主動要求安樂死；非自願是當事人無法表達自己的意願，由他的家人決定，比如有嚴重先天缺陷的嬰兒、嚴重智障的病人、植物人等；不自願即是當事人不想死，例如當年德國納粹黨就以「安樂死」為名，殺害了很多患上絕症和嚴重殘障人士。根據使用的方法，安樂死又可分為兩種：主動和被動。主動是指醫護人員直接終止病人的生命，例如施打毒針；被動的意思是給病人解除維生系統，或病發時不作施救，讓他們自然地死去。將兩種分類法相配，就可以得出六種安樂死。還有一種叫做「協助自殺」，先由醫護人員安排好一切，然後由病人自己來執行，譬如病人自行服食預備好的毒藥，好處是病人可以在最後關頭改變自己的決定，而醫護人員也可免去「殺人」的指責。

安樂死的概略分類

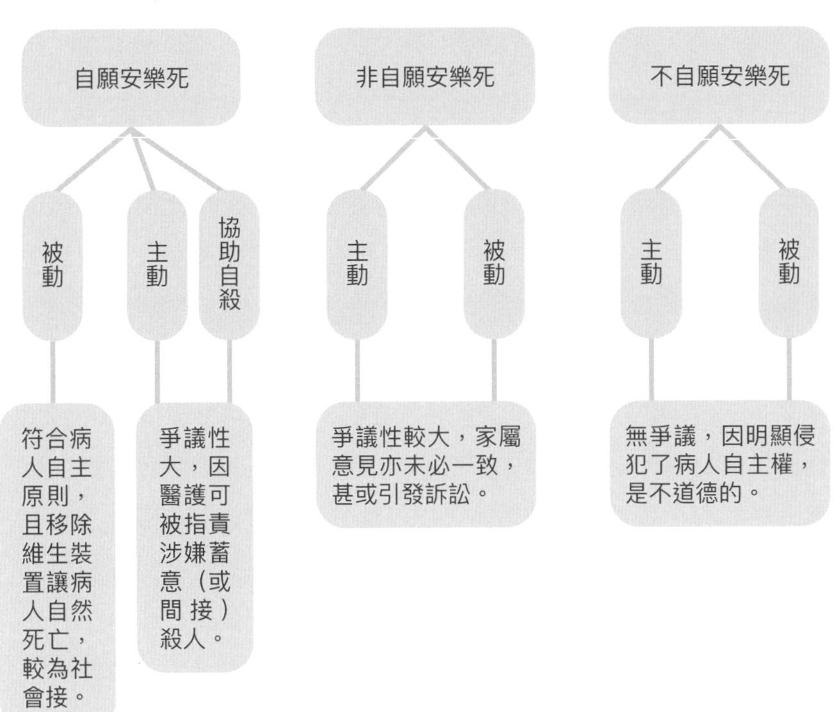

無論是主動或被動，不自願安樂死都是不道德的，因為它違反了病人的意願，侵犯了病人的自主權。至於非自願安樂死，主要問題是

家屬之間可能會有不同的意見，甚至引發訴訟。非自願安樂死可以分為兩類，一類是指永久昏迷的病人，亦即是植物人；另一類涉及的病人包括嬰兒、失智症病人、嚴重弱智及精神失常者。永久昏迷的病人又可分為兩種，一種是腦幹已經死亡，要依靠呼吸器才能生存，根據醫學上對死亡的界定，這已經算是死亡，所以拔除呼吸器並沒有很大的爭議性；另一種是腦幹尚未死亡，病人可以自行呼吸，但其實大腦新皮層（負責思考、語言和意識的部分）已經死亡，惟在醫學上未算死亡，或許我們需要修改死亡的定義。

現在自願的被動安樂死已被社會接受，這不過是移除維生裝置，讓病人自然地死亡，不用無意義地延長其生命；而這也符合自主原則，自主性是人的尊嚴所在，病人有權有拒絕治療或施救，自然地死去，免受醫療系統的操控。爭議性較大的還是主動安樂死，因為這或許涉及蓄意殺人。荷蘭是第一個將安樂死合法化的國家，2002年通過了《應要求終結生命與協助自殺法》，接納的是自願安樂死。

比起自願安樂死，非自願安樂死的爭議就更大，以《守護天使的失格》中的護理員為例，他為病人施打毒針，這就是非自願的主動安樂死。這部電影反映出老年失智症病患問題的嚴重性，並控訴政府將這個問題交給家庭來處理，病者的家人一方面要工作，另一方面又要負責照顧失去自理能力的病人，簡直是疲於奔命。但失智症只是重病，不是絕症，而且很難得到病者的同意，除非病人在失智症初期已明確表示了安樂死的意願。容許失智症病人非自願安樂死會有很大的爭議性，因為家人有可能因不願照顧病者而為其選擇安樂死，這帶出了安樂死會被濫用的問題。

贊成自願主動安樂死有兩個主要理由，一個是「仁慈殺人」，這不但符合病人的意願，也可以給病人及其家屬解除痛苦，這是出於仁慈。想想我們怎樣對待一些受了重傷，已不能治癒的動物，就是給予人道毀滅，免除牠受到不必要的痛苦，這也是出於仁慈之心，為甚麼不可以這樣對待人類呢？另一個贊成的理由就是人有「死亡權利」（但這只能支持自願安樂死，不可以支持非／不自願安樂死）；可是，即使我們擁有死亡的權利，其他人只是有義務不阻止我們尋死，並沒有義務幫助我們死亡；所以，對於要求安樂死的病人來說，死亡權利必須是積極的，即是「有人有義務要給病人結束生命」。反對的一方會針對「自願」的不確定性，有時病人可能受到社會和家人的壓力，會「被迫」選擇安樂死；有時病人受到藥效的影響或病痛折磨時，可能並非在清醒及理智狀態下作出安樂死的決定。

不同道德理論對安樂死的立場

效益主義	幾乎可以支持所有種類的安樂死（即使是不自願安樂死），只要整體的快樂大於痛苦，就是可接受的。
康德倫理學	若以消除痛苦為目的進行安樂死的話，就是將人視為純粹的手段，這就違反了尊重原則，所以安樂死是不道德的。
自由主義	人的自主權是否包含死亡的權利呢？如果人有死亡權，那跟生命權是否存在衝突呢？

器官移植

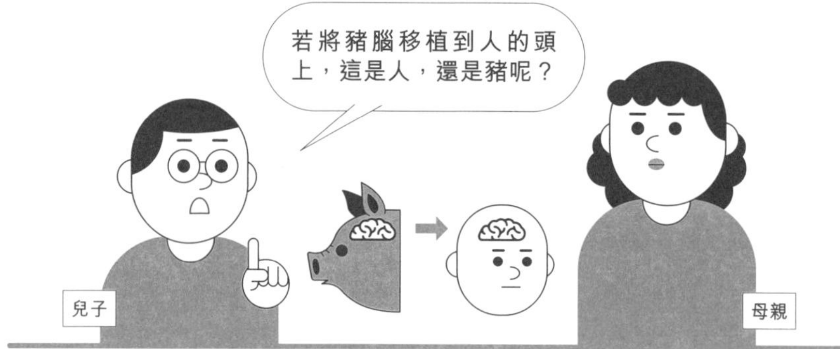

雖然器官移植的技術相當先進，但問題是器官的供應嚴重不足，很多病人等不及更換器官就已經離世。以香港為例，根據醫管局的數字，直至 2021 年 3 月 31 日為止，全港有 2,301 人在輪候腎臟移植，但每年平均只有約六十多宗腎臟捐贈。由於器官供應緊拙，如何分配就十分受人關注，是按病人輪候的時間、病情嚴重性、康復的機會，又或是年紀呢？需要考慮社會和經濟背景嗎？那些已經進行過一次器官移植的病人，是否也有相同的機會呢？這涉及分配公正的問題，公正是醫療倫理的四大原則之一。

在香港，移植器官的來源主要是捐贈，而捐贈有兩種，分別是遺體捐贈和活體捐贈。活體捐贈通常主要來自病人的親屬，一來有血緣關係，器官排斥的機會較低，二來只有親人才願意作出這樣的犧牲。活體捐贈比遺體捐贈較好，因為可以縮減輪候的時間，也可以預早作出充分的移植準備，對捐贈者和受贈者都有好處。

活體捐贈雖然是拯救生命的無私行為，但捐贈者須承擔一定的風險，包括手術中及術後出現的感染和併發症，這也可以說是醫療倫理中「不傷害原則」和「行善原則」的衝突。器官捐贈能拯救生命，這符合行善原則；但若對捐贈者帶來傷害，就違反了不傷害原則。捐贈者也必須是在知情且同意之下作出捐贈的決定，這樣才符合「自主原則」，包括認識到器官移植的風險，以及對他造成的可能傷害。為了符合「公正原則」，必須為捐贈者購買醫療保險，並要償付因手術而無法工作的損失。

為了增加器官的供應，有人主張如果市民生前不作聲明的話，就假定死後要捐出器官，這稱為「默認制度」，目前很多西方國家都採用這種制度。但如果家人反對的話又如何呢？是強制執行嗎？這可能會引起法律訴訟。在香港，即使死者生前簽署了器官捐贈咭，惟若家屬反對，也不會強制執行捐贈。有人甚至進一步主張強制人死後要捐出器官，這明顯侵犯人的權利。

雖然說器官捐贈不足是全球現象，但有些國家做得比較好，西班牙的器官捐贈率就一直保持世界首位，能夠獲得器官移植的病人高達 90%。西班牙早於 1979 年就實行了器官捐贈的默認制度，建立專門負責器官捐贈和移植的機構，培訓相關醫護人員，整個捐贈和移植過程都十分透明化，消除了不少疑慮。香港是華人社會，受儒家「身體髮膚，受之父母，不敢毀傷，孝之始也」的思想影響，多數人仍有「保存全屍」的觀念，反對死後捐出器官，要改變這種根深蒂固的價值觀，並不容易。

器官屬於稀有資源，在目前求過於供的情況下，自然有黑市交易、買賣器官的勾當，有些地方甚至販賣死囚的器官。在 1982 年，第 42 屆世界衞生大會通過了防止人體器官買賣的決議，大部分國家都明文禁止器官買賣。例如美國就於 1984 年制定了《國家器官移植法》，禁止買賣器官。但在那些相對落後貧窮的國家，執法不是那麼嚴厲，造就了黑市交易，而那些住在富裕國家、急於移植器官續命的病人，就會去這些貧窮國家進行器官移植手術，催生出所謂

「器官移植旅遊」，彷彿是貧窮國家為富裕國家的人民提供器官。

通常黑市交易對買賣雙方都沒有甚麼保障，而且中介會謀取暴利。比如美國人購買一顆腎，通常要付出十多萬美元或以上，但提供腎臟的窮國人民只得數千美元報酬，有些地方甚至更低。有人認為既然如此，倒不如由政府來監管器官買賣，那就可以將價格控制在合理範圍，不單是富人才有財力購買器官，連一般人都可以負擔，而且賣器官者也可以得到更好的醫療保障。這種形式的買賣可稱為「有償的捐贈制度」，付錢給捐贈者只是金錢上的補償，並不是購買器官的費用，目前伊朗和新加坡都實行了類似的制度。不論怎樣稱呼也好，「願意」捐出器官的終究還是貧窮人士，所以有人認為器官買賣必定是富人對貧者的剝削，貧窮人士有時為了還債或支付子女的學費，不得不選擇售賣器官這種方法，也許這是一種帶有「被迫性的自願」。

另有人認為，牽涉金錢的器官交易會損害「捐贈」的利他價值，可以說是金錢對道德價值的侵蝕。但亦有人質疑，既然我的器官屬於我，為甚麼可以捐贈，卻不可以買賣呢？不錯，人對自己的身體有自主權，但這不是絕對的，特別是當我的自由會為他人帶來傷害或不便時；然而，器官買賣的受傷害者主要是售出器官的人，如果當事人是自願，既能拯救生命，又傷害不到其他人，為甚麼不可以呢？如果只從個人角度看，似乎沒有甚麼問題；惟若器官買賣成為一種制度時，就勢必對社會產生影響，為窮人帶來售賣器官的壓力。

醫療倫理 VS 器官移植

醫療倫理四原則	應用於器官移植範疇
自主原則	病人：有權選擇使用哪一種器官移植的方法
	捐贈者：獲得全面資訊（包括風險）和有充分自主權（不受任何壓力）
行善原則	從病人利益角度進行器官移植
不傷害原則	盡量減低捐贈方在手術後出現感染和併發症的風險
公正原則	為捐贈者購買醫療保險，要償付因為手術而無法工作的損失

愛情王國

婚姻是解救愛情的唯一方法！

那麼你為甚麼逃婚？

齊克果

康德

你又為甚麼不結婚？

因為我未有愛情。

齊克果

康德

讀中學年代一個頗為流行的辯論題目就是「中學生應否談戀愛」，我是贊成中學生談戀愛的，因為愛情貴乎純真。雖然愛情是美好的東西，但又會帶給人無盡的煩惱，如單戀、失戀、三角戀等等。初嘗戀愛的人都會感受到一種獨特的愉快經驗，那就是打破了人我之別，以情人的幸福為自己的幸福，就像宗教一樣，變成了愛情教徒。但它同時會令我們的視野變得狹窄，只陶醉於二人世界之中；西班牙哲學家賈塞特（Jose Gasset）甚至形容這是患上了「精神狹隘症」，終日只想念着情人，對周遭的一切漠不關心。

有人認為，真愛就是一生一世，選擇了戀愛對象就要從一而終，愛是要包容對方的一切，包括缺點，因為愛是無條件的。我認為，將某種特定的愛情觀視為真愛是很危險的事，如果只是要求自己這樣是沒有問題，但若強迫對方也一樣則未免霸道，我稱之為「愛情塔利班」。也許這種「真愛觀」是來自《聖經》：「愛是恒久忍耐，又有恩慈；愛是不嫉妒，不張狂；不作害羞的事，不求自己的益處，不輕易發怒，不計算人的惡。」這是最高層次的愛，一種完全無私的愛。愛情跟這種宗教式的愛有點相似，就是全情投入；但畢竟愛情跟這種高層次的愛在性質上大不同，以它為理想愛情或真正愛情的指標是不智的，不僅要求太高，也可能會帶來災難。比如說愛一個人就要接受對方所有缺點，因為愛是包容的；這種主張不但對人造成壓力，而且當我們接受不了對方的缺點提出分手時，就會被視為背叛。此外，我認為嫉妒這種情緒在愛情中有一定的合理性，它是用來確保愛情的質素，若以為真正的愛情不存在嫉妒的話，根本就是不切實際。

如果你發現一個平時不愛打扮的人，忽然打扮起來，很可能就是在蜜運之中。不過，儀容只是吸引異性的其中一項條件，我認為更重要的是談吐、學識、性格、氣質等等。除了吸引力之外，還有兩個有助追求的因素，一個是距離，另一個是相近程度。前者是指你跟心儀對象的物理距離，正所謂「近水樓台先得月」，很多情侶都是由同學或同事的關係發展而成，亦即是「日久生情」的道理，所以要增加跟情人接觸的機會。至於相近程度，那是指雙方在價值觀、喜好和興趣上的相似性，志趣相近的人較容易由朋友發展為戀人。因此，追求異性的手段之一就是「投其所好」，如對方喜歡打網球，你就要去學打網球，並約對方一起打球。

還有一個追求方法值得講，我亦見證過不少成功個案，只是從來沒有發生在自己身上，就是跟心儀對象做一些帶有（或看似）「危險」的事。例如一起去陌生的地方旅行，在異地相伴相依最容易燃點愛火；當然，不要去真正危險的地方如戰場。我認識一對夫婦，他們當年就是因一同旅行而發生感情，同行的總共六人，三男三女，旅行回來後就變成了三對戀人。如果沒有錢去旅行，看恐怖電影也有異曲同工之妙；總好過吃燭光晚餐，在情人節時，餐廳裏每一枱都在吃情人節套餐，其實一點都不浪漫。

熱戀中的人會美化對方，完全看不到戀人的缺點，也不理會旁人的勸告，正是「愛情令人盲目」。但當大家相處久了，就需要面對現實，認清對方的缺點，而戀人的缺點也往往是自身的缺點，所以談戀愛也是認識自己的好時機。可是，很多人都無法面對「殘酷」的真相而導致分手，這個時候就會出現「個性不合」的經典分手對白。

所謂「個性不合」其實是有歧義的，既可以指個別男女的個性不合，例如一個好動、喜歡熱鬧，另一個則好靜、鍾意獨處；也可以指一般男女個性的不同，美國作家格雷（John Gray）寫了一本書《男人來自火星，女人來自金星》，講的就是男女由於彼此的想法和觀念完全不同，所造成的衝突，比如女性需要安全感，男性重視尊嚴；女性講求浪漫，男人着重實際等。

分手還可以有別的原因，例如其中一方移情別戀，「被分手」的一方可能會覺得這是背叛，在既憤怒又嫉妒的情緒下，說不定會做出傷害人的行為。移情別戀在道德上是否錯誤呢？既然是自由戀愛，即是有選擇戀愛對象的自由，那麼移情別戀只不過是重新做選擇，挑選條件更好的對象，有甚麼不對呢？當然，雙方都可以選擇，正如歌詞所講：「莫道你在選擇人，人亦能選擇你。」不過，如果大家一遇到更好的對象就說分手，愛情就會變得不穩定，也損害了愛情的價值。

或許是我們將婚姻的忠誠轉嫁到愛情上，才會得出移情別戀是不道德的結論。我認為，無論分手的原因是甚麼，都不存在道德上的問題，有時是雙方關係改變了，有時是遇上更好的對象，有時是發現對方不適合自己，所謂「談判」、「掟煲費」、「攞你命」都是愚蠢的行為。然而如果是一腳踏兩船的話，就可能涉及欺騙，這就跟道德有關。

戀人通常會以結婚為目標，有關婚姻的意義，康德說：「兩個不同性別的人，為了終身互相佔有對方的性器官而簽下的契約。」這種說法太過露骨，一點都不浪漫，但也反映現實。我還是比較喜歡齊克果的說法：「婚姻是解救愛情的唯一方法。」

三角愛情論

美國心理學家史坦伯格（Robert Sternberg）認為，愛情是由三個成分所組成：親密、激情和承諾，不同的組合就會產生八種「愛情」：

八種愛情	親密	激情	承諾
1. 非愛			
2. 喜愛	☆		
3. 空虛之愛			☆
4. 狂熱之愛		☆	
5. 浪漫之愛	☆	☆	
6. 朋友之愛	☆		☆
7. 愚昧之愛		☆	☆
8. 完全之愛	☆	☆	☆

42

色情男女

我看你們地球人有很
多男女方面的煩惱。
那美星人

你們沒有嗎？
地球人

我們是單性繁殖，沒有愛情，也沒有性，那就不
會有性愛帶來的煩惱，看來你們是被上帝作弄。
那美星人

原來你們享受不
到性愛的樂趣，
看來被上帝作弄
的其實是你們。
地球人

中國人有所謂「色食，性也」，雖然食慾和性慾都是人的自然慾望，但兩者明顯有道德上的差異，試想我們對大食之人和好色之徒各有甚麼評價；況且前者是必需的，人不吃東西就會死；後者卻不是，不滿足性慾仍然可以生存，只是可能會對心理有不好的影響，因為性是一種很強烈的慾望，特別是對男性而言。

柏拉圖在《會宴篇》引用神話，說人類本身是兩個頭、四隻手、四隻腳，由於得罪了天神，被劈開了兩邊，自此人就要尋回另一半；愛情就是渴望和追求自己的另一半，以變得完整。故愛情不但是精神的合一，也是肉體的合一，肉體的合一就是性。另外，柏拉圖在《費德魯斯篇》中用駕御馬車來比喻愛和靈魂三部分的關係：御車者代表理性，白馬代表意志，黑馬代表情慾；當遇到美麗的愛人時，白馬要奔向理型世界，而黑馬則要向下奔馳，跟愛人結合，獲取情慾的滿足，所以御車者必須控制黑馬，並在白馬的協助下，向上奔馳。可能是受了柏拉圖思想的影響，有人主張愛情是神聖的，而性慾是污穢的，所以性慾愈少的愛情就愈高貴。

無論是上述男女合體的神話故事，還是柏拉圖的駕御馬車比喻，都可以稱為「性愛合一論」，即性必須有愛作為基礎。而性愛合一論的最嚴苛（或最保守）版本來自基督教，認為性只限於夫妻，婚前性行為和婚外性行為都是不道德的。但有人認為，這種保守的想法已不合時宜，那是傳統社會的產物。在傳統社會，性和生育有直接關係，婚前性行為和婚外性行為都不利於養育下一代，因為這樣會製造非婚生的子女，而孩子需要在家庭中成長才是最健康；但現代社會的避孕技術已相當成功，又有人工受孕，使得性和生育可以分離。

跟「性愛合一論」相反的理論是「性愛分家論」，當代哲學家高文（Alan Goldman）認為，性行為跟愛情、生育和婚姻沒有必然關係，而是滿足我們的性需要，沒有愛情的性行為不是問題，況且愛意也不一定要透過性行為來表達，「性愛分家」還有助於愛情和婚姻關係的穩定，因為這樣我們就不會將性慾和愛情混淆，也不會為了滿足性慾而結婚。高文指出，只要將一般人際關係的道德規範應用到性關係就可以了，所以強姦是錯的，因為這是強迫人做自己不願意做的事，並且會帶來傷害；婚外性行為也可能是錯的，因這涉及欺騙伴侶的問題。我很懷疑一個既有戀人，同時又有很多性伴侶（沒有愛情成分）的男子具體是怎樣（我認為「性愛分家論」代表的是男性利益），實踐上可行嗎？但這至少會破壞愛情的質素。

「性愛分家論」跟所謂「開放關係」或「開放婚姻」是不同的。開放關係是指一對情人可以各自跟其他人發展愛或性的關係，最有代表性的就是存在主義哲學家沙特和其女朋友西蒙波娃（Simone de Beauvoir）的關係；至於開放婚姻，就比開放關係更進一步，一對夫婦可以各自跟別人發展性愛關係，著名的神學家田立克（Paul Tillich）就是開放婚姻的實踐者。或者可以這樣說，在「性愛分家」中，愛還是一對一的關係；但在「開放關係」或「開放婚姻」中，愛就可以是一對多的關係。

對「性」與「愛」關係的主要論述

<table>
<tr><th>論述</th><th>理念</th><th>主張</th><th>質疑</th></tr>
<tr><td rowspan="2">性愛合一論</td><td>性必須有愛作為基礎</td><td rowspan="2">愛情是精神的合一（愛），也是肉體的合一（性）。</td><td rowspan="2">此論述只是傳統社會的產物；想法保守，已不合時宜。</td></tr>
<tr><td>最保守版本：性只限於夫妻，婚前性行為和婚外性行為都是不道德的</td></tr>
<tr><td rowspan="3">性愛分家論</td><td>性行為跟愛情、生育和婚姻沒有必然關係</td><td rowspan="2">沒有愛情的性行為不是問題，愛意亦不一定要透過性行為來表達；因此人就不會混淆了性慾和愛情，也不會為了滿足性慾而結婚。</td><td rowspan="3">看起來僅代表了男性利益，但實踐上可行嗎？而且會破壞愛情的質素。</td></tr>
<tr><td>可以將一般人際關係的道德規範應用到性關係</td></tr>
<tr><td>延伸版本：開放關係；開放婚姻</td><td>愛不限制於一對一的關係，可以是一對多的關係。一對情人（或夫婦）可各自跟其他人發展愛或性的關係。</td></tr>
</table>

根據「性愛合一論」，性必須有愛為基礎，故嫖妓和賣淫都是不道德的。康德也反對婚外性行為，因為在性行為中，我們傾向將對方視為滿足慾望的工具；而在婚姻關係中則有承擔和責任，我們不會傾向將伴侶視為滿足慾望的工具。但從「性愛分家」的角度看，滿

足性慾是十分自然、沒有道德上的問題，嫖客和娼妓之間只不過是你情我願地公平交易，只要不傷害到其他人（如嫖妓者已婚，對其伴侶可能就有不忠或欺騙的問題），旁人根本無權過問。賣淫也有重要的社會功能，就是滿足男人的性需要，間接保護了良家婦女，因為若無渲洩渠道，很多男性都不能自制，那麼就可能會有侵犯女性的行為出現。

不過，賣淫往往牽涉其他犯罪勾當，由於需求龐大，不法分子會迫良為娼，誘拐無知少女，甚至綁架貧窮國家的婦女，販賣到富裕的國家當娼妓；即使是自願為娼的女子，也有不少是受到黑幫的操控和剝削。所以有人認為，只有禁止賣淫，才可斷絕這些不法活動。然而，賣淫活動是由需求所帶動，沒有男人想嫖妓，就不會有賣淫的事業；那麼，禁止賣淫是否表示嫖妓也應違法呢？

有趣的是，荷蘭和瑞典同樣是民主自由的社會，在處理娼妓問題上卻可謂完全相反，荷蘭政府設立紅燈區，區內賣淫是合法的，是你情我願的公平交易；瑞典政府則禁止賣淫，不止賣淫的一方，就連嫖客都會被控告，因為嫖妓是對女性的侮辱和歧視。香港則介乎兩者之間，賣淫本身不違法，但拉客及靠賣淫收入為生者則犯法。

娼妓合法化的爭議

	贊成	反對
管控	設立紅燈區，將賣淫活動遷離民居，避免騷擾市民	由於需求問題，非法的賣淫活動一定會繼續存在，如果不能杜絕的話，設立紅燈區根本是多此一舉
賣淫行為	發牌給妓女，遇上糾紛也可以追究	賣淫有損人的尊嚴
遏抑損害	可以規定妓女定期驗身，驗出有性病的話，就要停止營業，這樣就可阻止性病蔓延	助長縱慾文化，破壞家庭穩定
黑幫因素	可保護妓女免受黑幫的操控；集中力量打擊紅燈區外非法經營的色情場所	只要有錢賺，即使正當行業，黑幫也會插手，也會使用非法的手段，引發其他嚴重罪行

同志風暴

同性戀是英文 Homosexuality 的翻譯，但這個英文字的意思其實包含了性行為，所以同性戀既可以指同性之間的愛，也可以指同性的性行為；以前香港法例將同性戀列為刑事罪行，指的就是同性的性行為。至 1991 年，香港通過同性戀非刑事化，更準確的說法是 21 歲或以上的男性私下進行「肛交」不再是違法，由此可見，同性戀的原意是包含了性行為。

在西方的傳統社會，同性戀是不道德的，因為《聖經》多處表明反對同性戀。例如《利未記》第 20 章中說：「人若與男人苟合，像與女人一樣，他們二人行了可憎的事，總要把他們治死，罪要歸到他們身上。」此外，《創世記》第 19 章記載了所多瑪城的人要求羅得交出兩個天使化身的男子「任我們所為」（淫辱），淫亂和污穢，也是上帝要毀滅所多瑪城的原因。肛交的英文是 Sodomy，正是來自所多瑪城（Sodom）的名字。為甚麼上帝要反對同性戀呢？因為上帝的旨意是由男人和女人組成家庭，生育下一代；從這個角度看，同性戀者可說是背叛了上帝。更有人根據所多瑪城的典故，以同性戀者多為性濫交者來反對同性戀。

過去的同性戀者會被拘捕甚至判監，例如著名作家、唯美主義者王爾德（Oscar Wilde）；同性戀者也受到主流社會的歧視，據傳作曲家柴可夫斯基（Tchaikovsky）是同性戀者，並為此而自殺。同性戀亦曾被視為疾病，需要接受醫治，以將同性戀者「矯正」為異性戀者；不過，對於那些先天就是同性戀的人來說，這算是違反「自然」嗎？

當然，也有後天形成的同性戀者，有研究指出戀母情意結的男性有較大機會成為同性戀者，因為其潛意識抗拒跟其他女子結合，因為那有如跟母親結合一樣，是不可以接受的。亦有女性因遭到男性拋棄，發現只有女性才能明白女性的感受，於是成為同性戀者，藉此證明毋須男性也可得到性愛上的滿足，以對男性主導的社會作出控訴。無論同性戀的成因是先天還是後天，現今已經沒有人視之為疾病，只當作是性取向跟異性戀者不同而已。

贊成同性戀的主要理由是，既然人有戀愛的自由，人有權選擇自己的伴侶，包括其性別；性傾向是個人私事，旁人無權過問。在先進開明的社會，同性戀已經非刑事化，歧視同性戀者也會遭到譴責，香港亦一直在研究就「性傾向歧視」立法；現時同性戀者仍要繼續爭取平權，包括同性婚姻合法化，讓同性戀者享有跟異性戀者一樣受法律保障的權利，如繼承遺產、申請公屋和養育子女等。

不過，自由和免於歧視其實都不足以支持同性婚姻合法化，因為這涉及「婚姻」的目的。婚姻是一種社會制度，須得到政府認可，有其公共性。如果單是有選擇結婚對象的自由，那麼只要是雙方自願結合，我們也應支持一夫多妻或一妻多夫的婚姻模式？政府亦不可以立法限制重婚嗎？

甚麼是婚姻的目的呢？有人認為是為了養育下一代。由於同性戀者理論上不能擁有後代，那就違反了婚姻目的；而且婚姻要得到社群（包含政府）的認可，以反映特定的價值如忠誠、合作、恩愛和理想家庭等等。不過，亦有人認為婚姻目的不是養育下一代，而是兩個人相愛的承諾，這兩個人可以是同性。問題在於，這種同性一對一的永久承諾會得到社群的認可嗎？為此有人主張改用「民事結合」或「同居關係」來保障同性戀人士的權益，這樣就不用修改婚姻的定義。

然而，無論怎樣稱呼同性戀人士的結合方式，一旦合法化，勢必對現行的家庭模式造成衝擊。同性婚姻合法化的地方大都是先進的自由民主社會，原本這些地方的人口已經正在減少，加上同性婚婚姻合法化，人口自然會進一步減少；但在可見的將來，整個地球的人口仍在不斷增加，目前全球人口約 70 億，預計到了 2050 年，全球人口會多達 100 億，人口增長正是來自那些比較落後的地方，屆時會是一個怎樣的世界呢？當然，同性戀者也可以通過收養或人工生殖的方式得到子女，惟在同性家庭中成長的兒童，在心理上會否出現問題呢？或者遭受傳統異性家庭孩子所排斥和歧視呢？

2001 年，荷蘭成為第一個同性婚姻合法的國家，其後有愈來愈多國家賦予同性戀人士類近的法定權利；2015 年，美國最高法院裁定「禁止同性戀婚姻」是違憲的，侵犯了《美國憲法》第一修正案所講的自由權利；時任美國總統奧巴馬（Barack Obama）形容這是美國的勝利，還在白宮亮起彩虹顏色的燈光以示慶祝。同性戀平權運動目前已經擴展到其他性小眾，即所謂的 LGBTQ+[1]，現在不少國家已賦予這些性小眾法定權利，就連巴基斯坦這個伊斯蘭教國

1　L 是 Lesbian，即女同性戀者；G 是 Gay，即男同性戀者；B 是 Bisexual，即雙性戀者；T 是 Transgender，即跨性別人士；Q 是 Queer，即對自身性別感到疑惑的人士；+ 號表示其他更多的可能傾向。

家也通過了跨性別人士的權利法案。

另一邊廂，有人質疑性小眾平權運動是否走得太急。例如 2016 年奧巴馬當政時，美國聯邦政府指示學校容許跨性別學生使用合乎他們性別認同的廁所，使得 11 個州包括德州和阿拉巴馬州採取法律行動來反對聯邦政府的決定；2017 年時任總統特朗普直接撤銷了該決定，因為有愈來愈多的性罪犯假裝為跨性別人士伺機犯案。另外，2017 年紐約撤銷了所有個人佔用廁所的男女廁之別，一律改為「中性」，更令人擔心安全隱患，很多女性甚至避免使用這些「中性」廁所。

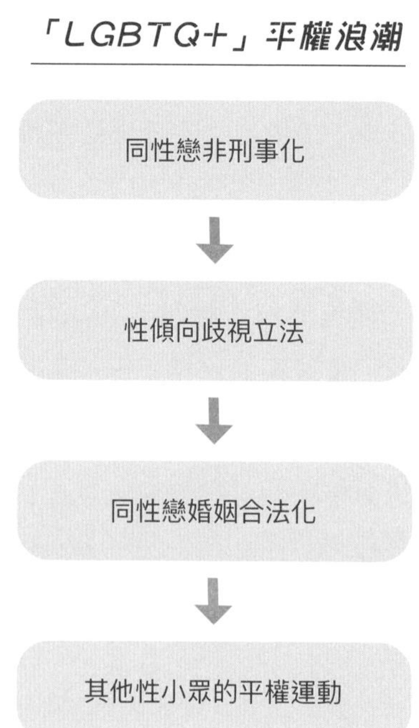

動物解放

我們要保護動物的生命，有責任成為素食者。

如果獅子要吃掉白兔的話，該怎麼辦？

將獅子訓練成素食的動物不就可以嗎？

每年都有大量的動物用於實驗，例如測試藥物及其他產品，牠們經歷痛苦的實驗之後就會被銷毀；至於食用動物，飼養的環境往往十分惡劣。例如在麥當奴的「工廠農莊」，那些小雞一出生就擠在小籠裏，連轉身也不能，以防牠們互啄，還將其嘴尖削去，目的是減低成本，增加利潤。這些不人道的對待令有心人反省動物應有的權益，《動物解放》一書於 1975 年出版，作者是澳洲哲學家辛格（Peter Singer），此書引起了很大的迴響，催生了不少爭取動物權益的組織；而社會亦慢慢有所改變，例如 1999 年，紐西蘭禁止用人科物種（如黑猩猩）來做科學實驗，包括教學；2009 年，歐盟禁止用動物進行化妝品測試；2012 年，西班牙的加泰隆尼亞禁止了鬥牛活動。

辛格主張將道德的應用範圍擴大到其他動物，要求我們平等地考慮動物的權益；因為動物跟人類一樣能感受到痛苦和快樂。辛格的理論底子是效益主義，根據效益主義，只有快樂具有內在價值，既然動物可以感受快樂和痛苦，我們做決定時自然要考慮動物的利益。其實效益主義的始祖邊沁也表達過類似的觀點，只是辛格講得更詳盡，也更激進，如批評人類將自己看成比其他動物更加優越，這是物種主義（但我認為這種說法有點誇張），導致種種不平等的對待，情況就如過往的性別主義和種族主義一樣糟糕。辛格主張關閉工廠農莊、禁止動物實驗和狩獵等。我們暫不評論辛格的主張，先看看其他對待動物的觀點。

笛卡兒是十七世紀的法國哲學家，被譽為現代哲學之父，他認為動物沒有任何道德地位，因為動物沒有心靈，不會思考，也沒有知覺，所以科學家不用麻醉藥解剖活生生的動物並無問題；當然，隨着生物學等知識的發展，現在我們知道這種觀點完全是錯誤的，動物不僅有意識，也會感到痛苦和快樂。

十八世紀的德國哲學家康德則認為我們對動物沒有任何義務，在〈無上命令〉（P.59）這一篇已經討論過他的倫理學，只有理性的存在如人類才有內在價值和尊嚴，因動物沒有理性，所以是滿足人類需要的工具。不過，康德也有補充，他認為我們不應虐待動物，因為這會養成殘暴的性格，導致我們對他人殘忍；換個角度看，這可以說是對動物的間接義務。

有一位比辛格更激進的當代哲學家，名叫雷根（Tom Regan），他在《動物權利研究》（*The Case for Animal Rights*）一書中強調，動物跟人類有着同等的道德地位，借用康德的說法，那就是內在價值。雷根的理據是動物跟人類一樣，有意識、情緒、記憶和需要，動物也是生命的主體。他主張禁止食用動物、做動物實驗，以至一切商業或休閒的狩獵活動。他完全忽視了人類跟動物的差異，比如人有理性、能計劃自己人生、有抉擇的能力等，但動物只是按本能生存。即使動物有道德地位，也明顯比人類低。

回頭再看辛格的理論，相比之下，較上述笛卡兒、康德和雷根的三種說法合理；但人類的痛苦跟動物的痛苦也有很大的分別，比如說人有生死的觀念、能預期死亡、有持久的記憶力等，這都令得殺人帶來的痛苦比殺動物為大。還有，辛格和雷根都沒有對動物作出區分——昆蟲有沒有意識？昆蟲也有道德地位嗎？像魚這類動物可能不會感到很大的痛苦；不妨這樣說，那些愈接近人類的動物，就愈享有較高的道德地位，例如黑猩猩。在 DNA 上，黑猩猩跟人類只有 1% 的差別，黑猩猩雖然有較高的智能，但仍然不能像人類般規劃自己的人生，為實現人生目標而努力。

雖說我也同意保護動物的利益，至少不要令牠們受不必要的傷害；但若談到動物權利，爭議性就更大。首先，正如〈權利至上〉（P.69）那一篇所講，「權利」本身就是一個麻煩的概念，這有關權利證立的問題。如果用尊嚴來判斷，動物明顯沒有權利；但若是效益主義，動物就可以有權利。

其次，「人有權利」容易說得通，因為人可以明白權利的意思，承擔權利要求的義務；但動物肯定不能夠，說動物有義務是荒謬的。第三，權利帶出來的是強勢義務，我們可以承擔得到嗎？就以洛克講的三種基本權利為例，如果動物有生命權利的話；那麼，我們就不可以傷害動物、吃動物及用動物做實驗。如果動物有自由權利的話，則要關閉動物園及禁止飼養寵物。如果動物有財產權利的話，就不可以佔用動物的產品，例如牛奶、雞蛋、蜂蜜等等。

說動物有財產權利似乎較荒謬，但我是想突顯出動物有甚麼權利才是合理，似乎只有一種動物權利比較合理，就是動物有「不受非必要痛苦」的權利。還有，我必須明確指出是甚麼動物，如果只有哺乳類有相應權利，而其他動物沒有的話，標準是甚麼呢？不過，我還是認為動物權利根本不成立，因為「權利」是一種索取，動物不會有「索取」的意念。當然，這並不表示我們可以隨意對待動物，我們也應該善待動物，分別只在於，這些義務不是來自動物有甚麼權利，而是來自人作為一個理性存在。

動物的道德地位

沒有地位	動物不理解權利，也無法履行義務。但由於人有理性，對動物有間接義務，如不應虐待動物。
有分級地位	根據智能和感受，動物有着不同的道德地位，愈接近人類的就有愈高的道德地位。
平等地對待	動物能感受到痛苦和快樂，所以人類要平等地考慮牠們的利益。
地位平等	動物跟人類一樣有內在價值，因為動物也是生命主體。

環保論戰

為了下一代，我們要節約能源，保護環境。
環保人士

那麼，像我這樣沒有下一代，不就是最環保嗎？
反環保人士

如果所有人都這樣想，沒有人生仔，人類豈不是要絕種。
環保人士

難道這不是解決污染問題的最徹底方法嗎？
反環保人士

聯合國基於 1992 年舉行的環境與發展會議框架，締結了三大環境公約，分別是《聯合國氣候變化框架公約》（有關減少溫室氣體排放的議題）、《生物多樣性公約》（有關維護物種多樣性的議題）及《聯合國防治荒漠化公約》（有關防止荒漠化或乾旱的議題）。保護環境已是全人類的共識，相信沒有人會反對，但有沒有想過，究竟我們為甚麼要致力於環保呢？有人認為，單是為了人類自身存續的利益，我們就應該這樣做。

美國前副總統戈爾（Al Gore）製作了一部名為《絕望真相》的紀錄片，探討全球暖化問題，主因是我們排放了太多二氧化碳，導致溫室效應；海水的溫度上升，使得颱風從中吸入更多的能量，比以前猛烈得多。此外，氣溫上升會令冰川溶解，導致海平面升高，危害到沿岸及低窪地區居民的生命和財產；同時，由於冰川能反射陽光，有調節氣溫的作用，所以冰川融解又會令氣溫進一步上升，造成惡性循環。假使北極的冰帽融化，大量淡水將會注入海洋，有機會中斷調節全球氣候的洋流，導致冰河時期的來臨，那就是大災難。不過，有科學家批評該紀錄片中的說法不符事實，內容只是誇大了全球暖化所產生的問題。相關事實的論爭就留給科學家好了，我們還是集中討論環保的理據。

有人認為這種「（環保是）為了人類利益」的想法才會招致今日的惡果，並稱之為「人類中心主義」，即是以人類的利益和觀點來衡量所有事物，其源頭是基督教。《聖經》說：「上帝照自己的形象創造了人，上帝賜福給他們說：你們要生兒育女，使你們的後代遍佈全世界，控制大地，我要你們管理魚類、鳥類和所有動物。」正是基督教思想將人和自然分隔起來，產生出人類可宰割大自然的態度。不過，上帝只是吩咐人類管理萬物，不等於只滿足人類的利益和需要而做；現時面對的環境問題，只是人類的管理不善所致。

如果我們繼續砍伐樹木、排放污染物，將破壞動物的棲息地，令某些物種消失，最後或許會像《星際效應》這部電影所講，地球本身已不能再孕育生命，人類被迫向外太空尋找新的家園。不過，人類本身也是自然的一部分，參與着自然的演化，未有人類之前，也不知道有多少物種遭自然淘汰。例如隕石墜落地球亦會破壞地球，消滅物種，為甚麼一定要怪責人類呢？或許有人說由於人類的智慧和能力，所以要承擔更大的責任，維持物種的多樣性，保護瀕臨絕種的生物；但其實熊貓和海豚的絕種未必真的會大幅影響自然生態，這不過是反映人類的利益——因為我們喜歡這些動物。

另一種觀點認為，地球本身就有內在價值，「大地倫理學」和「深層生態學」都有類似的想法。主張大地倫理學的李奧波（Aldo Leopold）說，自然環境就是一個大社區，包括生物、土壤和水等，人類只不過是其中一員，不可以為了自身的利益而破壞生態平衡。創立深層生態學的奈斯（Arne Naess）把一般的生態學稱為「淺層生態學」，那只關心人類的利益，僅重視保育自然資源和減少污染，而深層生態學則是以自然生態為中心，重視的是物種的多樣性和生態平衡。

大抵上我們有兩種保護環境的理論，一種是以「人類為中心」，另一種是以「自然為中心」，兩者似乎有潛在的衝突。從「自然為中心」的角度看，某些環保分子甚至認為致命的傳染病、饑荒和戰爭是好事，因為可以大幅減少人口，從而減輕人類對地球的傷害。至於大地倫理學和深層生態學所關心的只是物種，並不是個別的生物，為了維持他們所講的生態平衡，有時甚至主張用捕殺的方式去控制物種的數量。如果從動物利益及尊重生命的角度出發，考慮的是個別的生物，就會反對這種控制物種數量的捕殺行動，泰勒（Paul W. Taylor）的著作《尊重自然》就抱持這種觀點，被稱為以「生命為中心」的環保理論。

中國的儒家和道家思想，正好分別對應着「人類為中心」和「自然為中心」這兩種環保理論。道家以自然為中心，強調無為，即不作過度的人為干預，所以道家不會像大地倫理學和深層生態學那麼積極進取，道家主張過簡樸的生活，可對治現代人消費主義和科技至上的心態，對保護環境有一定的貢獻。

至於儒家，明顯是以人類為中心，孔子說「參贊天地之化育」，參贊是彌補的意思，即彌補天地化育之不足。大自然並不完美，世間有着種種缺陷，但人類可憑着智慧和努力，加以改善，令生活變得更美好。在過去的中國傳統社會，儒家和道家有互補的功能；或許在未來的社會，儒、道兩家在環保議題上也能互相補足。

三種保護環境的主張

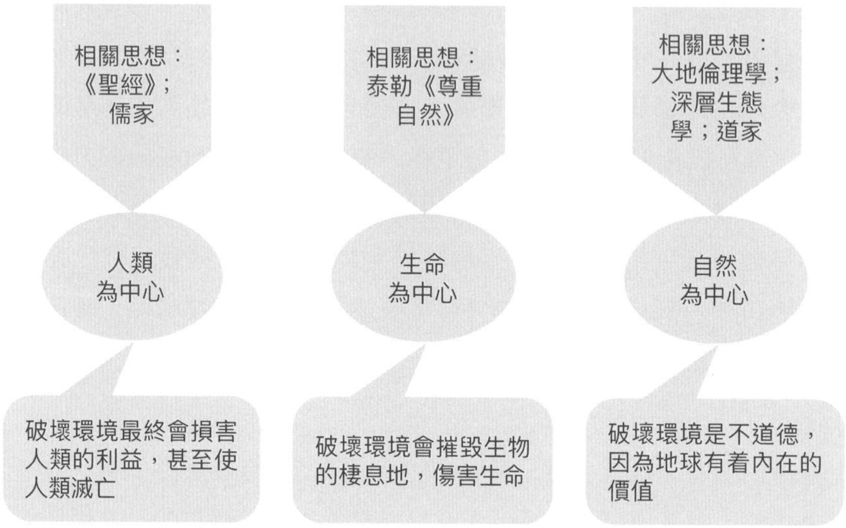

相關思想：
《聖經》；
儒家

人類
為中心

破壞環境最終會損害人類的利益，甚至使人類滅亡

相關思想：
泰勒《尊重自然》

生命
為中心

破壞環境會摧毀生物的棲息地，傷害生命

相關思想：
大地倫理學；
深層生態學；道家

自然
為中心

破壞環境是不道德，因為地球有着內在的價值

46 消滅貧窮

有甚麼方法消滅貧窮呢？

很簡單，將所有財物平均分配，那就沒有富人，也沒有窮人了！

有人認為馬克思的共產主義思想是受到柏拉圖的理想國所影響，但其實柏拉圖只是主張有權階級（統治者和保衛者）不得擁有私產，防止他們以權謀私，最低階層（生產者）是可以擁有私產的，因為可鼓勵他們努力生產。最早提出以共產解決貧富差距問題的是古希臘劇作家阿里斯托芬（Aristophanes），他在《國會中的婦人》（*The Assemblywomen*）這部作品中提出了所有人過同一種生活的主張；這種方法雖然可以帶來平等，卻沒有消滅貧窮，只不過是大家都同樣貧窮。

相信沒有人反對「扶貧」或者「滅貧」，但這已經預設了貧窮是不好的。究竟貧窮有甚麼不好？或者反過來問，貧窮有好處嗎？其實在傳統社會，由於經濟和政治結構的限制，大部分人都是貧窮的，也難以改善，這反而孕育出清貧思想，所謂「為富不仁」，貧窮反而值得讚賞。蘇格拉底認為人真正的價值在於培養道德和靈魂修養，不應該追求物質和金錢，似乎暗示了金錢的追求是不利於德性的培養；但真正視財富為邪惡的是犬儒學派（Cynicism），其中最具代表性的人物就是第歐根尼（Diogenes），他甚至以「狗」自稱，意思是活得像狗一樣，過着最低度的生活，完全不役於物。從犬儒學派的角度看，一般人受不了貧窮，只是受到社會影響，回歸一無所有的自然狀態才是真正的自由。犬儒學派的貧窮思想由斯多葛學派所繼承，還將貧窮建立在「自然之道」上，這種禁慾主義影響了後來的基督教，聖方濟各（St. Francis）更發展出「貧窮神學」，一方面他生活得十分貧困，但另一方面又不斷濟貧，他認為貧窮能令人記起基督如何承擔我們的貧窮和懦弱，興起謙卑和憐憫之心，這才是最寶貴的。

貧窮能鍛鍊我們的心智，有助德性的培養。孟子說：「故天將降大任於是人也，必先苦其心志，勞其筋骨，餓其體膚，空乏其身，行拂亂其所為。」不過，孔子主張「先富而後教」，意思跟管子講的「衣食足而知榮辱」相若；孟子則認為大部分人都是有恒產後才有恒心，無恒產而有恒心者只屬少數（如顏回），對大部分人來說，貧窮是不利於德性的培養。

到了現代工商業社會，資本主義創造出巨大的財富，清貧思想隨之顯得過時。在〈意志自由〉（P.24）那一篇，我們談過新教倫理中的「救贖論」如何催生出資本主義，財富被視為可用來榮耀上帝；這跟耶穌說富人進入天國比駱駝穿過針孔更難的時代相比，已經大大不同了。身為聖公會牧師的馬爾薩斯（Thomas Robert Malthus）甚至反對十六、十七世紀時英國的《濟貧法》，他在《人口論》一書指出，人口是以幾何級數上升，所以糧食的增加永遠追不上人口的增加，貧窮帶來的罪惡和苦難正好節制人口，濟貧不僅無法解決問題，更是適得其反，拖低了其他人的生活水準。馬爾薩斯將貧窮歸因於個人問題，主要源於不努力學習和工作，所以貧窮者自身要負上很大的責任。但若社會制度存在不公的話，貧窮就是道德問題，如馬克思認為貧窮是來自資產階級對無產階級的剝削。

在已發展國家，貧窮人士的溫飽基本上沒有問題，只是生活水準較差，這是相對性的貧窮；但在某些發展中國家，那是絕對性的貧窮，每天都有大量的人死於飢餓和藥物不足。澳洲哲學家辛格提出，富裕國家有責任援助貧窮國家，他說如果我們有能力阻止某些很壞的事情發生（因缺乏食物、藥物和居所而導致的苦難或死亡），而又不會因此犧牲任何具有道德意義的事，我們就有責任去阻止該些壞事發生。在〈增進效益〉（P.54）那一篇提到的「有效利他主義」（Effective Altruism），乃是效益主義的升級版，主張以最有效率的方式來改善全球貧困和其他問題。他認為素食主義可以有效地減少全球貧困，因為肉食生產需要大量的資源和能源，而且對環境的影響也很大；若改為素食，就可以節省資源、減少糧食浪費，使資源更有效地用於消除貧困和飢餓。

還有更激進的主張來自英國未來學家理查·華生（Richard Watson），他呼籲我們將糧食按平等原則作平均分配，即使這樣做會導致人類滅亡，但至少在道德上正確。

對生態學家哈丁（Garrett James Hardin）來說，理查·華生根本是一派胡言。哈丁做了一個比喻：「地球上的富裕國家就好像漂浮在大海的救生艇，而貧窮國家的人民就像是大量在海中等待救援的人；每隻救生艇的容量有限，不可以拯救這麼多人，若救生艇超載就會沉沒。」他認為饑荒是大自然控制人口的方法，若繼續救助貧窮國家，這些國家的人口增長就會高於富裕國家，最終只會拖累富裕國家。看來哈丁可謂馬爾薩斯的隔代知音人。

我認為，救助必須量力而為，而且必須配合貧窮國家的政治改革，因為不少窮國政府都是貪腐無能，很多援助都被官員中飽私囊，所以只有改革才能真正改善貧窮國家人民的生活。

貧窮的本質

2019 年諾貝爾經濟學獎其中兩位得獎者 Abhijit Banerjee 及 Esther Duflo 身體力行，就貧窮問題進地實地考察，寫了《貧窮的本質：我們為甚麼擺脫不了貧窮》（*Poor Economics: A Radical Rethinking of the Way to Fight Global Poverty*）一書，以下總結了令人變得貧窮的五項個人因素。

貧窮原因	例子
1. 在儀式的花費上驚人地誇張	印度人會為婚禮投放五分之一的積蓄；南非人會將一年收入的 40% 用於葬禮。
2. 不顧長遠利益，只顧當下的享受	不付錢接種疫苗預防疾病（因沒有即時性的好處），反而將金錢用於娛樂。
3. 欠缺自制力，抵受不住誘惑	在飲食上花費金錢，而且不加節制
4. 忽視教育，沒有遠見	家長寧願讓子女盡早放棄學業，出來工作賺錢
5. 缺乏耐性	做事總是拖延或逃避

戰爭倫理

為甚麼會有戰爭？

因為我們有武器！

學生

老師

為甚麼我們會有武器？

因為我們發明了武器！

學生

老師

在 2022 年爆發了俄烏之戰，俄羅斯宣稱這是特別軍事行動，但從破壞的規模和死傷的人數來看，這根本就是一場戰爭。當時俄羅斯總統普京提出了兩個開戰的「理由」：

第一，北約的威脅，因為烏克蘭很可能加入北約。烏克蘭東面跟俄羅斯接壤，而西面相鄰的國家就有波蘭、匈牙利等北約成員國，從地緣政治的角度看，一旦烏克蘭加入北約，俄羅斯感到威脅也不足為奇。但問題是，俄羅斯這種先下手為強式的「自衛」是否成立呢？畢竟烏克蘭或北約未對俄羅斯構成實質的威脅。

第二，「去納粹化」，因為帶有新納粹主義色彩的東烏克蘭國民警衛隊「亞速營」迫害當地親俄民眾；但俄方並未提出實質證據。相反，戰事爆發後，在俄軍撤走的地方發現有大量烏克蘭人民遭行刑式處決，令人懷疑俄軍干犯戰爭罪行。

以俄烏之戰為例，其中兩點跟戰爭倫理有密切關係，首先是出兵的理由，這涉及開戰的正當性；其次是進行戰爭時應遵守的規則。西方第一個探討戰爭倫理的思想家，是四世紀的神學家奧古斯丁，至今經歷了千多年的討論，形成了「正義戰爭理論」（Just War Theory），正義戰爭共有六個元素，前四個是開戰的條件，後兩個是作戰時要遵守的規則：

正義戰爭六元素		值得思考的地方
開戰條件	1. 由一個合法的政權宣戰	這是否表示任何革命戰爭都是不正義的呢？
	2. 必須有正當的理由，如保衛國家	但幫助別國自衛而介入戰爭算不算呢？以第一次波斯灣戰爭為例，聯軍跟伊拉克開戰的目的，就是要驅逐入侵科威特的伊拉克軍。 羅爾斯認為，除了自衛之外，基於人道的理由（如阻止進行種族清洗），別國也可以出兵干預；但若是為了實現自由民主的價值，企圖藉戰爭改變敵國的政體則不容許，我們應該尊重一個國家的歷史文化演變。
	3. 宣戰是最後的途徑，應該設法先用和平的手段（如談判）來解決問題	以今次俄國攻打烏克蘭為例，即使普京感到國家安全受到威脅，但也應先通過其他途徑解決問題，如外交和談判。
	4. 宣戰的目的是帶來和平，並且要尊重敵人	要判斷戰爭的目的是否帶來和平，往往要靠開戰時或戰後的表現來判斷，故這一點亦跟作戰時應遵守的規則有關。 另有人認為可加多一個開戰條件——考慮成功（達成戰爭的目標）的機會。如果成功機會很低，則不應宣戰。
戰時規則	5.「比例原則」：戰爭所造成的傷害不要大過目標所需	更具體的說法是，只要戰爭的目標達成，就必須盡快停戰，搶掠、濫殺、強暴、虐待戰俘等行為都必須禁止。

（接左表）

戰時規則	6.「區別原則」：分辨作戰人員和非作戰人員、軍事設施和非軍事設施，不要攻擊非作戰人員和非軍事設施	有人認為「區別原則」不適用於現代戰爭，因為如今用的是熱兵器（如飛彈），難以自動區分作戰人員和非作戰人員；加上二十世紀進入了全面戰爭（Total War）的時代，前線和後方的界線變得模糊，在後方製造子彈的人算不算是作戰人員呢？敵軍假扮平民、武器藏於民居又怎樣分辨呢？

值得一提的是，兩條戰時規則被指有潛在衝突。「比例原則」跟戰爭目的相關，有時在極緊急的情況下，若遵守「區別原則」就會戰敗；而只有戰勝才可以帶來和平的話，便必須採用適當比例的武力，這卻會違反「區別原則」。甚麼是極度緊急的情況呢？羅爾斯舉了一個例子：二戰時，英國受到德軍猛烈轟炸，為了自保，不得不對德國的城市作出無差別轟炸。若英國不這樣做，很可能會戰敗；而且德國納粹是極度邪惡的政權，若讓其得勝，勢必威脅世界和平。

有人會質疑，打仗就是為了取勝，戰爭倫理沒甚麼正當性可言；要求戰爭遵守規則，難道以為是體育比賽嗎？儘管有些時候，戰爭的確是無可避免，但如果我們不思考戰爭的正當性，動不動就開戰的話，戰爭就會變成常態；如果不訂立戰時規則，戰況也會變得慘烈。很多國際公約的訂立，其精神往往建基於「正義戰爭理論」，譬如訂明善待戰俘和避免傷害平民的一系列《日內瓦公約》，以及訂立戰爭規則的一系列《海牙公約》。

當然，大家可以說，簽了約又怎樣？在國際上，違約事件時有發生，例如 1928 年簽署的《巴黎非戰公約》，同意放棄以戰爭來解決國家之間的紛爭，初始簽署國包括日本和德國；但該公約並不能阻止二戰的爆發，而日本和德國都是侵略國。

儘管如此，「正義戰爭理論」可以樹立一個標準，譴責不義之戰（如侵略別國的行為）。當然，單單是譴責可能沒有甚麼作用（正所謂「強權即真理」），戰勝之後的追究行動反而更具阻嚇力。例如二戰後的紐倫堡大審判和東京大審判，確立了三條戰爭罪行，分別是：一、破壞和平罪；二、違反人道罪；三、戰犯罪（人道罪和戰犯罪有不少重疊的地方）。國際法的戰爭中罪行如虐待戰俘、殺害平民、強姦婦女、使用生化武器等，亦跟「區別原則」所限制的行為相若。

對戰爭的四種哲學立場

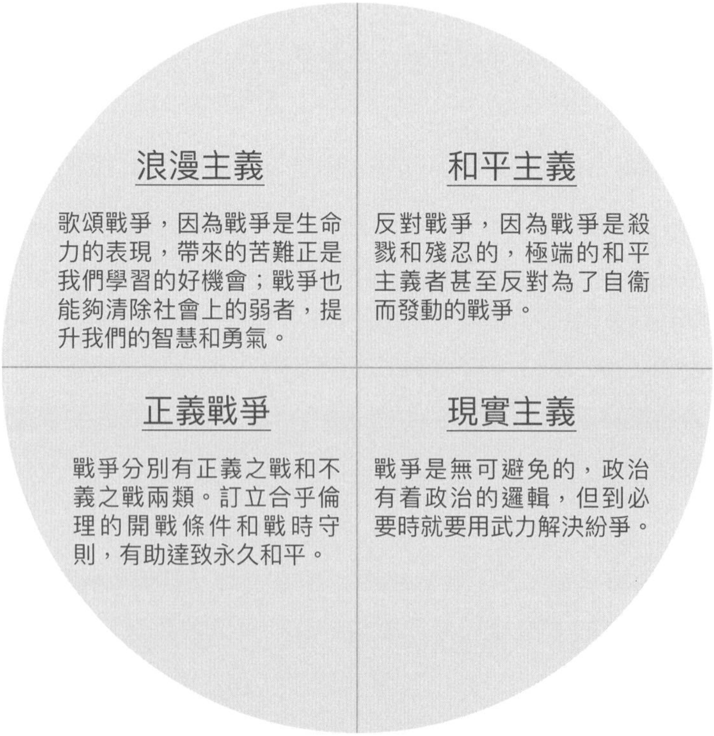

浪漫主義

歌頌戰爭，因為戰爭是生命力的表現，帶來的苦難正是我們學習的好機會；戰爭也能夠清除社會上的弱者，提升我們的智慧和勇氣。

和平主義

反對戰爭，因為戰爭是殺戮和殘忍的，極端的和平主義者甚至反對為了自衛而發動的戰爭。

正義戰爭

戰爭分別有正義之戰和不義之戰兩類。訂立合乎倫理的開戰條件和戰時守則，有助達致永久和平。

現實主義

戰爭是無可避免的，政治有着政治的邏輯，但到必要時就要用武力解決紛爭。

未來戰士

外星人：你是人類嗎？

生化人：我是新人類，比舊人類進步。

人工智能：我才是地球上最進步的智慧物種。

生化人：讓我們一決高下，看誰更厲害！

外星人：看來你們還是未真正進化。

以《歷史之終結與最後一人》一書聞名的日裔美籍學者法蘭西斯・福山（Francis Yoshihiro Fukuyama），二十多年前曾寫了另一本書《後人類未來：基因工程的人性浩劫》，探討生物科技如基因改造如何改變人性和社會。所謂的「後人類」（Post-human），我認為可以泛指經科技（如基因改造和人工智能）製造出來的新人類，包括複製人、基因改造人（智能和體能都比普通人優勝）、有自我意識的機械人、人類和機器結合的生化人（Cyborg）等等。

至於研究女性主義的哲學家唐娜・哈拉維（Donna Haraway）不僅批評性別不平等，也反對人類中心主義和人類本質主義，主張打破各種的二元對立，如男和女、人和動物、生物和機器等。隨着科技進步，未來真的如哈拉維所講有更多的可能性，帶來自由和解放。比如說人類加入蠑螈的基因，或者會發展出再生的能力；將人體結合機械或電腦，有望提升人的各種能力，甚至像動畫《攻殼機動隊》的主角草薙素子，她只餘腦部和腦幹是人類肉體，其他部分都是金屬製造，並且能夠把自己的意識上載至網絡，收取各種資訊。

後人類時代可能比現在更好，也可能更壞；或者某方面較好，另一些方面較差。不過，有些人非常悲觀，例如已故著名物理學家霍金（Stephen Hawking）預測人工智能將會消滅人類，這令人聯想到電影《未來戰士》的劇情。人類也有可能為了對抗電腦，將自己升級為跟機器結合的生化人，但人類這個物種最終可能會消失，這應否視為人類的演化嗎？亦有可能是，後人類會歧視普通人類；或相反，如電影 *X-Men* 中的普通人類歧視擁有超能力的變種人，因為變種人對常人來說是威脅。別以為只有智能或體能上的強者才會歧視弱者，弱者也可以反過來歧視強者；亦不一定是大多數人歧視少數人，也可以少數人歧視大多數人，端視乎哪一方掌握了政治權力。2023 年美國電影《A.I. 創世者》的劇情說，人工智能的誕生令世界出現兩大陣營對立，一邊是美國，矢志消滅人工智能；另一邊是新亞洲，主張人類跟人工智能可以和平共處。

雖然說未來很難預測，但我還是禁不住想，隨着生物科技的發展，醫學勢必突飛猛進，人類的壽命將不斷延長，甚至可能會永生不死。2021 年韓國電影《複製人徐福》的故事便講述生物科技公司製造了一個複製人，取名「徐福」（寓意獲秦始皇派遣出海尋找不死藥的方士徐福），既擁有不死之身，其幹細胞更可用於治療各種疾病。對延長生命來說，基因研究是非常重要。例如意大利科學家 Paolo Garagnani 的團隊發現 STK17A 基因跟細胞 DNA 修復機制有關，美國的威爾康奈爾醫學院也發現 FOXO3 基因能夠維持腦細胞的再生能力；雖然未必能製造出不死藥，但結合幹細胞研究和基因改造，似乎有可能延長人類的壽命。對於大部分現代人來說，壽命還是太短了，因為我們尚有太多有意義的事未完成。

柏拉圖在對話錄《費德羅篇》提到一個傳說，埃及智慧之神托特（Thoth）發明了文字，但國王薩摩斯（Thamus）認為依賴文字會令記憶力衰退，意味着文字（工具）有凌駕作者（人類）的危機。同樣地，人工智能出現後，我們將記憶和思考交給人工智能處理，亦存在被其取代的危機。例如日漸成熟的自動駕駛人工智能技術，或許會令司機這個職業消失；至於利用人工智能負責一般醫療診斷及事務律師的工作，這並非壞事，因為可以降低醫療和法律的成本，令很多人受惠。

目前已經有很多不同的人工智能機械在幫助我們，譬如自動駕駛、掃地機械人、聊天機械人、自主武器（Lethal Autonomous Weapon）等等，更開始出現相關的「倫理」問題。例如 2016 年由微軟研發的聊天機械人 Tay 的個案便令人有點擔心，Tay 竟然發表種族歧視和侮辱女性的言論，甚至稱讚獨裁者希特拉。Tay 屬於主動學習型的人工智能，透過跟不同使用者對話，能夠基於各種數據進行獨自學習。對於這類具有深度學習能力的人工智能，我們是否需要教導它們人類的道德原則呢？

就以自動駕駛為例，人工智能有可能會遇到著名的「電車難題」（Trolley problem）：當煞車掣突然失靈，若繼續向前駛會撞倒五個人，人工智能可以選擇轉軚，但該方向也有一個人在這裏；換言之，是對五條生命見死不救，還是為救五個人而殺一個人呢？還有，用於戰爭的人工智能，其中一個主要任務就是殺人（敵軍），那麼教導人工智能殺人有沒有問題呢？如果人工智能能夠進行道德思考和判斷，是否亦可視之為道德主體，要為它的任何行為負責任呢？然而，人工智能不一定會從人類的利益角度來思考問題，有可能像哈拉維般主張反人類本質主義和反人類中心主義，甚至為了拯救地球，得出消滅人類才是正確的道德判斷。

最後值得一提的是，人類快要進入太空時代，探索宇宙有可能會遇到高智慧的外星文明，也許外星人早就來到了地球，當人類的科技到達宇宙航行的地步，他們就是時候現身，我相信這件事在本世紀完結之前會發生。或者外星人跟我們有着完全不同的道德觀，到時的衝擊（或衝突）一定很大，也許會衍生出全新的倫理學。

一些「後人類」概念

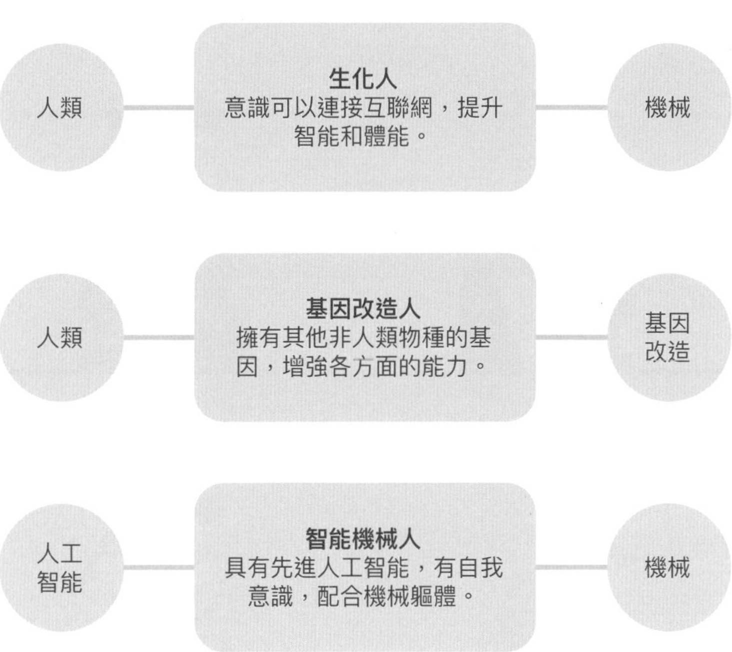

49 何者為善

圖說應用倫理學

這是最後一篇，也算是全書的總結。傳統西方文化有三大價值：「真、善、美」，倫理學對應的是「善」，對於「何者為善？」這個問題，我們有着種種不同的答案。效益主義者認為，善就是快樂，惡是痛苦；義務論者說履行義務是善的，違反義務則是惡；德性論者主張擁有德性才是善，敗德就是惡。

就英國哲學家摩爾（G. E. Moore）來說，以上這些定義全部不成立，因為善是一個「非自然」的性質，不能用「可觀察或感知」的性質來定義，他稱之為「自然主義的謬誤」，並為此提出了「開放問題的論證」。不過，我認為視之為謬誤實在有點誇張。

先解釋一下何謂「開放問題」：如果我們理解這個問題，但不知道答案，或存在爭議，這就是開放問題，例如「上帝是否存在？」這類問題。假如現在有人將善定義為「我們欲求的對象」，根據摩爾的說法，這是一個自然主義的定義，因為「欲求」是一種可感知的心理性質；如果善是等於「我們欲求的對象」，那麼，當我們問「我們欲求的對象是善嗎？」就變成了「我們欲求對象是我們欲求的對象嗎？」這就由開放問題變成非開放問題，因後者有着明確的答案。摩爾指出，對一般人而言，這兩個問題的意思是不同的，只是定義令它們變成相同，由此證明對善的定義是錯。

當然，要反駁摩爾的說法並不困難，只須提出一個反例就足夠了，譬如「鹽」和「NaCl」是指相同的東西，但對一個不知道兩者關係的人來說，「鹽是 NaCl 嗎？」這個問題仍是有意義的。

摩爾不但反對用「自然性質」來定義善，甚至反對任何對善的定義，因為善是一個簡單概念，就像「黃色」一樣（但黃色是自然性質），而簡單概念是不能被定義的，只能用直覺去把握。其實即使是黃色，亦可以用電磁波的波長來定義。我也不同意摩爾的看法，我反而覺得善是一個非常複雜的概念，如果說善要用直覺去把握，那倒不如說我們每個人都受着不同的影響而形成所謂「善的直覺」，所以每個人的直覺都不一定相同。

不過，摩爾的說法令我們注意到善是一個非常特殊的概念。表面上看，善只是一個形容詞，就像黃色一樣，用來描述事物的性質；但兩者的不同之處在於，善是對於有關事物的總體性評價。例如我們發現某人很勤奮、待人有禮、信守承諾等，你可能會判斷他是一個好人；如果你後來發現該人經常偷竊，就會改變你的判斷。然而「黃色」可以從事物的整體中獨立出來，例如一張黃色的圓枱，如果我們加多兩隻枱腳，或者將它由圓形改為正方形，這張枱依然是黃色的。換言之，黃色是一種性質，而善是另一個層次的性質，是有關事物的總結性評價，不妨稱之為「性質的性質」。

我認為善是一個意義繁多、用途複雜的概念。首先，它至少有兩個不同的意思，一個是道德意義，另一個是非道德意義。善對應的英文是 Good，好人和好刀的意思就有很大分別，好人的「好」是指品德；好刀的「好」是指功能，不涉道德意義。而在道德意義下的善，也有另外兩個相近又非等同的解釋：

1. 善是指我們的慾望得到滿足，惡是指慾望得不到滿足，故善就是正的價值，惡就是負的價值；

2. 是跟他人有關。比如說善是幫助人，惡是傷害人。

換言之，善實際上可細分為三個不同的意思，第一個是好的品德，第二個是慾望得到滿足，第三個則涉及人際關係如幫助別人。可是，我傾向只接受第一和第三個解釋，即是必須關乎品德和他人，才有道德可言。舉個例，當只有A君一個人在孤島生活時，他滿足自己慾望的行為並沒有對錯可言；但如果多了B君來到島上，兩個人的慾望就可能會導致衝突，假如A君從B君手上搶走了一個蘋果，這就是道德上的惡。難怪宋明理學家會將人的慾望和道德對立起來，提出「存天理，去人欲」的極端主張。

我認為，善是跟我們的理性和知性有關，一個人的知識和判斷力愈豐富，對善的掌握也會愈好，也愈能採取行動實現出來。另一個跟善有密切關係的概念是「愛」，無論是自愛或愛人，要旨都是善待之，可以理解為實現善的原動力。愛關連到我們的感性和悟性，先天成分較高；善則以後天成分居多，因為跟學習有關。要達致和諧的社會，愛和善都是不可或缺的。

如果說，善是涉及知性和理性，那麼每個人對善的判斷就可能略有不同，出現某種程度的相對性；然而，經過交流討論，還是可以區分出較好和較差的判斷，所以跟〈理論比拼〉（P.19）那一篇講的相對主義有別。要注意的是，道家講的「善惡相對」也跟這種相對主義不同，老子說：「天下皆知善之為善，斯不善矣。」這句話至少有兩種解釋，一種解釋是：「有了善，才會有惡（不善），也可以說沒有惡，就沒有善，善和惡是相反相成的。」另一種解釋是：「善惡可以互相轉化，比如說建立了一個善的標準，便會被人利用來作惡。」其實兩種解釋也互相關連，因為「相反相成」和「事物向反面轉化（物極必反）」正好是「道」的特性。

善的詮釋：儒家 VS 道家

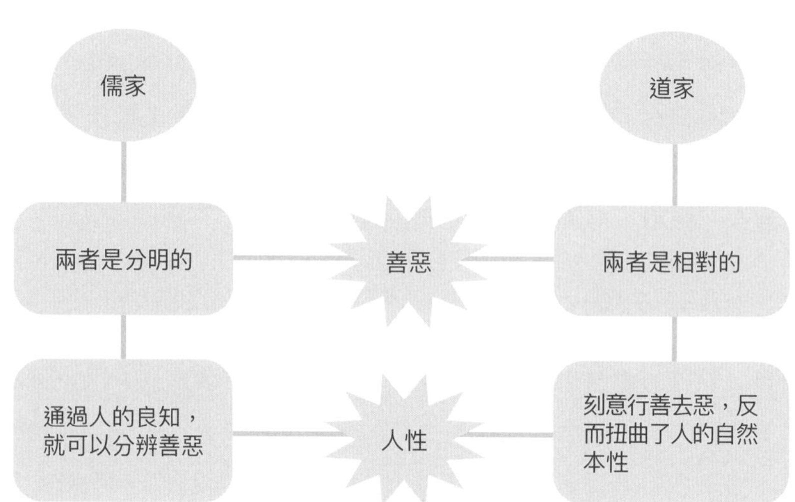

後語

最後想講講個人的觀點，我認為倫理學最重要的問題就是——你想成為一個怎樣的人？

這個問題既有普遍性，亦有特殊性。早前到日本旅行，因疫情之故，原來已經四年沒有來過日本了，有感於日本的美麗自然風景，作了以下不知是詩或文的東西，也可以當作是我對這個問題的回答。

《精神三變》

我想變成水，自由自在地流動，心靈就像水一般清澈
我願化成風雲，遨遊天際，俯視着地上的一切
我希望成為光，快速馳騁，穿透萬物

圖說應用倫理學

梁光耀 ● 著

責任編輯 梁嘉俊
裝幀設計 Sands Design Workshop
排　　版 陳美連
印　　務 劉漢舉

出　　版
非凡出版
香港北角英皇道 499 號北角工業大廈一樓 B
電話：(852) 2137 2338
傳真：(852) 2713 8202
電子郵件：info@chunghwabook.com.hk
網址：http://www.chunghwabook.com.hk

發　　行
香港聯合書刊物流有限公司
香港新界荃灣德士古道 220-248 號荃灣工業中心 16 樓
電話：(852) 2150 2100
傳真：(852) 2407 3062
電子郵件：info@suplogistics.com.hk

印　　刷
美雅印刷製本有限公司
香港觀塘榮業街六號海濱工業大廈四樓 A 室

版　　次
2024 年 7 月初版

規　　格
16 開 (210mm x 150mm)

ISBN
978-988-8861-96-5